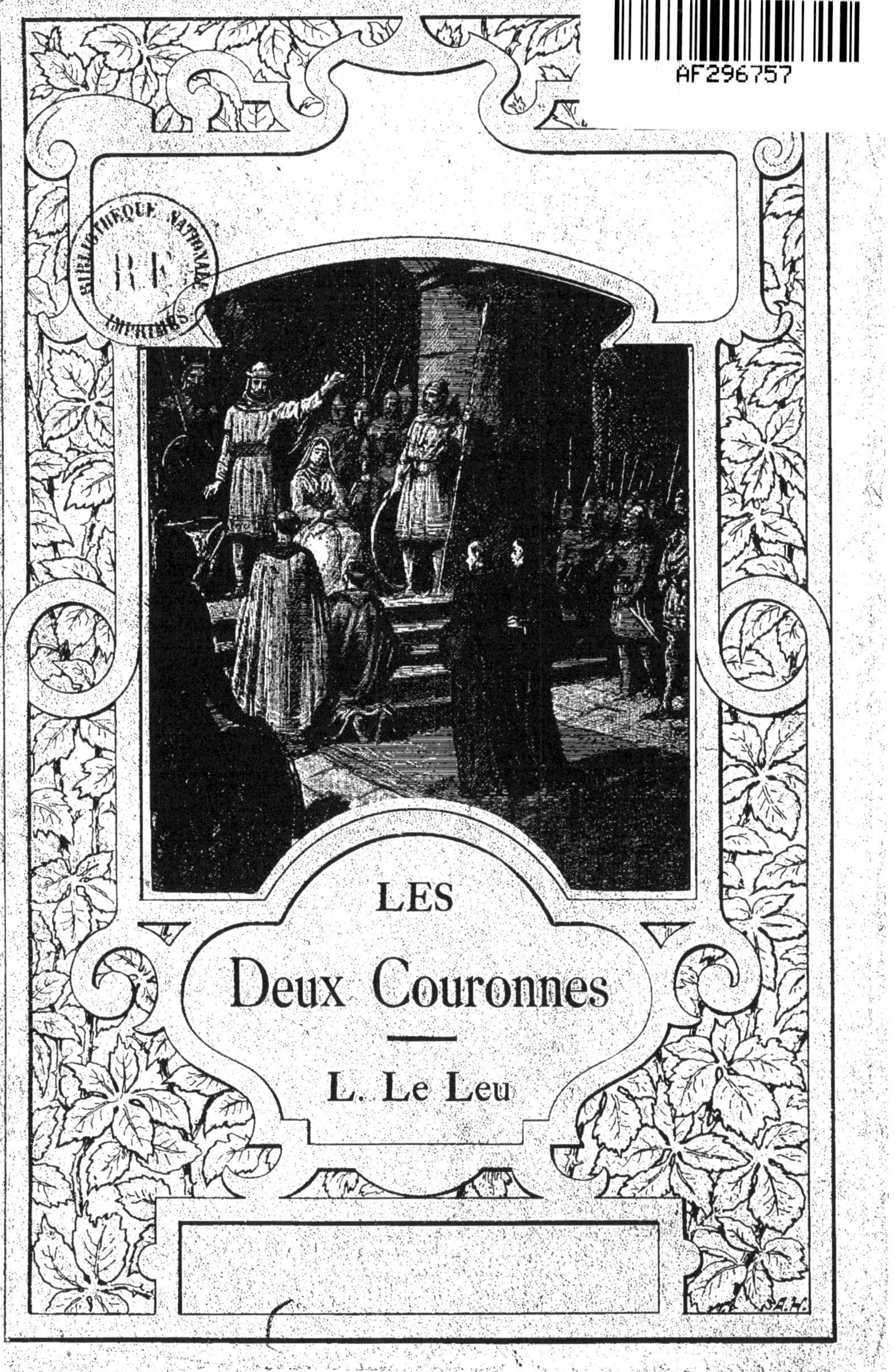

LES
Deux Couronnes

—

L. Le Leu

LES DEUX COURONNES

N° 20 des Fastes de l'Eglise

Vous avez résolu de me tuer, s'écrie-t-il, le moment est favorable,
n'hésitez pas ; à nous trois ! (P. 36.)

LES
Deux Couronnes

PAR

L. Le Leu

H. & L. CASTERMAN
ÉDITEURS PONTIFICAUX
Paris, Rue Bonaparte, 66 — Tournai (Belgique)

SOMMAIRE HISTORIQUE DU VOLUME.

———

Les origines et la légitimité du pouvoir temporel des papes et des domaines
pontificaux. — La donation de Constantin. — Les domaines du Saint-Siège au
VIIIe siècle. — Prépondérance de fait des papes dans le gouvernement de la République romaine. — Spoliations des Lombards et indifférence des empereurs. —
Extrêmes douleurs de l'Italie romaine et appel des peuples aux pontifes romains. —
Vaines tentatives des papes auprès des Lombards et de l'empereur ; leur appel à la
France. — Avènement de la race Carlovingienne. — Intervention de Pépin le Bref,
ses donations authentiques au Saint-Siège et constitution du pouvoir temporel des
papes. — Pontificats rétrospectifs de saint Pierre et de saint Sylvestre. — Pontificats actuels de saint Zacharie, Etienne II et Etienne III, de 740 a 757.

———

IMPRIMATUR

Tornaci, die 7 Junii 1901.

V. CANTINEAU, can. cens. lib.

AVERTISSEMENT

Notre siècle a vu la papauté subir une épreuve cruelle dans l'ordre des intérêts humains et du prestige matériel.[1] Coalisées ouvertement ou sourdement contre elle, les puissances de ce monde qui se disputent, comme des chiens avides et toujours affamés, tous les lambeaux du manteau de César, ont dépouillé le pape de toutes ses prérogatives temporelles en ne lui laissant, bien à regret encore, que la souveraineté spirituelle sur les âmes catholiques.

Cet événement a été un des graves enseignements de l'histoire. Il a montré que le pape n'aurait pu conserver ses domaines que par deux moyens : le consentement unanime des puissances de l'Europe ou la mise en œuvre de la force et de la duplicité qu'il n'eut pu employer qu'au détriment de son prestige spirituel.

Les nations n'ont pas compris que le pape serait tout désigné comme médiateur suprême entre leurs différends, le cas échéant, et, du reste, la révolution qui fermente dans

(1) Voir dans la « collection *Iris* » notre volume : *Le Secret du martyr et la cause pontificale.*

leur sein, sous toutes ses formes et tous ses déguisements, même princiers à l'occasion, ayant pour but suprême de détruire et de déplacer tout principe fixe d'autorité, devait nécessairement s'attaquer au pape, dans l'espoir illusoire de vérifier la parole évangélique : « Je frapperai le pasteur et le troupeau sera dispersé. »

Les philosophes du XVIIIᵉ siècle et l'école matérialiste avaient commencé l'assaut de la grande citadelle par le côté moral, et l'on avait crû arrivé le moment favorable de jeter en bas ce qu'on croyait être un fantôme, en déchirant le manteau de cette souveraineté.

Le trône temporel du pape est donc tombé avec fracas; tout ce qui avait pu être touché par la main des brigands avait été jeté à la refonte dans le creuset où bouillonnent les ambitions terrestres des empires; mais, quand la fumée se fut dissipée et que le monde entier, les yeux fixés sur le Vatican, put, enfin, apercevoir dans le calme, le sommet de la colline, il vit, toujours dressé là, ce qu'il avait pris pour un fantôme et qui était l'intangible.

Ce qui appartenait à César, César l'avait repris, mais ce qui appartenait à Dieu était resté au pape comme un indestructible héritage, et, le fait accompli, une fois de plus, frémit aux échos éternels de la parole du Christ : « Tu es Pierre! Sur cette pierre je bâtirai mon Eglise et les portes de l'enfer ne prévaudront pas contre elle. Pais mes agneaux, pais mes brebis, confirme tes frères dans la foi. »

O Pierre, qu'as-tu besoin de terre? N'as-tu pas l'univers? Bar-Jona, vaisseau du Saint-Esprit, que t'importent les tempêtes et les corsaires, ton équipage est fragile, mais tu es insubmersible; comme la fleur de lotus, tu flottes, sans mouiller tes pétales, sur le fleuve dont les eaux mouvantes fluent et refluent des rives du temps à celles de l'éternité. Tu es le cœur vivant de cet organisme gigantesque dont les pieds foulent les enfers et dont le front s'éclaire et se parfume à la gloire universelle des noces éternelles de l'Agneau.

Et qu'est-ce donc que le pape? Est-ce Grégoire, Jean, Clément, Boniface ou Léon?

« *Tu es Petrus.* » Voilà le pape. C'est la pierre de l'édifice, c'est le cœur de l'organisme; c'est le point sans lequel il n'y a pas de circonférence, et, tant que subsiste la circonférence, les hiérarchies et leurs correspondances vivantes se manifesteront toujours par le diamètre et le rayon, et bien insensé celui qui croirait que tout cela peut être sans que le centre soit nécessairement.

Le royaume de Jésus-Christ n'est pas de ce monde et jamais le divin Maître n'a désiré la gloire de la terre, car il en connaissait l'origine et la fin qui sont l'orgueil et la poussière. Comment donc la papauté est-elle arrivée à entourer son prestige incorruptible et spirituel du prestige amer de la gloire temporelle? comment Pierre a-t-il entrelacé sur sa tête, un jour, ces deux bandeaux ennemis, la couronne du Calvaire et celle du Palatin? voilà un problème que les ignorants et les méchants ont facilement cru résoudre.

Ils ont crié à la tyrannie, à l'usurpation, à l'illégitimité. Ils ont montré la papauté comme une ogresse avide de la substance des peuples, et, ignorants ou conscients de leur erreur, se sont rués sur elle au jour de la curée, comme des loups affamés.

Or, ce volume a pour but de montrer les véritables origines du pouvoir temporel des papes; l'histoire à la main, on verra que ce fut par la volonté même de l'Italie ballottée entre la tyrannie et l'anarchie, que les papes furent investis d'une magistrature civile et possédèrent des états.

Voici ce que dit à ce sujet M. Guizot : [1]

« L'union du pouvoir temporel et spirituel dans la papauté n'a pas été un fait systématiquement poursuivi et atteint au nom d'un principe rationnel ou d'une prétention ambitieuse. Le raisonnement et l'ambition y ont eu leur part; mais c'est la nécessité, une nécessité intime et continue, qui a vraiment produit et maintenu ce fait à travers toutes sortes d'obstacles.

» En remplissant et pour remplir sa mission religieuse, en exerçant et pour exercer son pouvoir spirituel, la papauté a eu besoin, absolument besoin d'indépendance et d'une certaine mesure d'autorité matérielle. Elle les a acquises d'abord dans Rome, puis autour de Rome, puis dans d'autres parties de l'Italie, successivement et à des titres divers : D'abord comme magistrature municipale, puis comme propriétaire territorial et en vertu d'un pouvoir politique inhérent alors à la propriété; puis à titre de souveraineté pleine et directe.

» Les possessions sont venues à la papauté comme un appendice naturel et un appui nécessaire de sa grande situation religieuse et à mesure que cette situation se développait.

» Les donations de Pépin et de Charlemagne n'ont été que l'un des principaux incidents de ce développement à la fois spirituel et temporel, commencé de très bonne heure et secondé par les instincts des peuples comme par les faveurs des rois. C'est en devenant chef de l'Eglise et pour l'être réellement que le pape est devenu souverain d'un état. »

« Il faut, disait Odilon Barrot, que les deux pouvoirs

____

(1) Guizot, *l'Eglise et les sociétés chrétiennes en 1861*, p. 144.

soient confondus dans l'Etat Romain, pour qu'ils demeurent séparés dans le reste du monde.[1] »

Guizot continue :

« Bien des siècles avant M. Odilon Barrot, l'instinct des sociétés chrétiennes avait dit ce même *il faut*. Comme souverain temporel, le pape n'était redoutable pour personne; mais il puisait dans sa souveraineté une efficace garantie de son indépendance et de son autorité morale. L'égal des rois en dignité sans être leur rival en puissance temporelle, il pouvait défendre partout la dignité et les droits de l'ordre spirituel, vraie source et vraie base de son pouvoir.

» Que les papes aient souvent abusé de cette situation, tantôt pour embarrasser, tantôt pour servir les souverains avec qui ils étaient en lutte ou en alliance, nul homme éclairé ne peut le contester, et les amis du droit, et en général, de tous les droits, doivent être les premiers à le reconnaître. Mais il n'en est pas moins vrai que c'est à l'abri de sa petite souveraineté temporelle que la papauté a proclamé et soutenu en Europe la différence essentielle de leurs domaines et de leurs droits naturels. Ce fait, le salut et l'honneur de la civilisation moderne, a pris naissance et appui dans le double caractère de la papauté et compense bien largement les abus que les papes ont fait de leur double empire.[2] »

L'historien anglais Gibbon, que l'on ne peut guère soupçonner de tendresse pour la papauté, s'exprime ainsi :

« Le malheur des temps augmenta peu à peu le pouvoir temporel des papes.[3] »

(1) Séance du 20 octobre 1849 à la Chambre.
(2) *L'Eglise et les sociétés chrétiennes en 1861.*
(3) Gibbon, *Histoire de la décadence de l'empire romain*, ch. xiv.

Ailleurs, il dit que « saint Grégoire le Grand sauva l'Italie et s'attira l'amour et la reconnaissance des peuples, la plus douce récompense que puisse trouver un bon citoyen et le meilleur titre de l'autorité souveraine.[1] » « Ce sont les peuples, ajoute-t-il, qui ont forcé les papes à régner. »

La spoliation du pape à notre époque a été d'autant plus inique, que, moins que jamais, le pape était à craindre comme souverain temporel. Les mœurs se sont adoucies, la guerre n'est plus l'état normal de la société, et rien ne serait plus odieux aujourd'hui qu'un pape se faisant général d'armée comme Jules II, et prenant part aux grands massacres des guerres modernes. On ne voit pas bien le trésor pontifical s'employant à acheter des canons Krupp et des fusils Mauser pour prendre part aux boucheries européennes. Les Etats pontificaux auraient dû être respectés, d'abord comme une propriété légitime et ensuite comme un royaume neutre placé en dehors de toutes les agitations politiques et guerrières.

Mais la Vérité a dit que ce monde appartient à César et doit lui être laissé. Aussi, la papauté étant entrée dans le domaine des vicissitudes du temps, devait subir le flux et le reflux des événements du temps et boire tôt ou tard jusqu'à la lie la coupe amère des choses illusoires et douloureuses.

Les institutions divines seules sont immuables. Les institutions humaines se croient inébranlables, Dieu passe et elles ne sont plus.

Dieu a visité Pierre en un jour d'épreuve et ce miracle est apparu : Pierre humilié jusqu'à la ruine a été vu grand jusqu'aux cieux.

---

(1) Ibid. — Citations du cardinal Matthieu : *Le pouvoir temporel des papes justifié par l'histoire.*

LES
Deux Couronnes

PREMIÈRE PARTIE

LE CHEMIN DU TRONE.

I

DANS LA « RÉPUBLIQUE DES ANGES. »

— Femme, dit le juif Ananias, récemment converti, en rentrant dans sa maison située non loin du tombeau de David à Jérusalem, je viens de vendre notre champ. Le prix que j'en ai retiré a dépassé mon espérance et voici la somme.

Ce disant, le nouveau chrétien posa sur le tapis, près de sa femme accroupie à la mode orientale, une bourse de cuir qui rendit un son argentin.

— C'est fort bien, répondit Saphira ; mais, qu'allons-nous faire maintenant ? Le champ nous faisait vivre en le cultivant, et il demeurait ; l'argent nous fera vivre, mais pour un temps seulement, et il passera ; alors, nous serons pauvres. Il eut mieux valu garder le champ.

— Non, écoute. Ne sommes-nous pas devenus galiléens depuis que nous avons entendu les apôtres du Christ qui prêchent la communauté des biens, et dans la société desquels on met ces préceptes en pratique ? Chacun vend ce qu'il possède et l'apporte, et la répartition est tout au profit de ceux qui étaient les plus pauvres et qui, par leur adhésion aux mœurs de la communauté, ont ainsi leur existence assurée. Il sera moins dur pour nous de faire l'abandon de ce que nous avons, tout d'une fois, pour vivre désormais sur l'intérêt perpétuel de ce petit bien, que de continuer à demander notre subsistance à de durs travaux agricoles. Je vais aller, de ce pas, porter cet argent à Céphas.

Ce raisonnement grossier prouvait combien Ananias était ignorant du sens évangélique du renoncement et de la charité mutuelle. Mais, Saphira, plus perverse encore, devait renchérir sur ce calcul coupable.

— Faisons mieux, dit-elle. Personne ne sait quel prix tu as tiré de notre champ, je l'ignore moi-même, n'ayant pas compté la somme contenue dans cette bourse; il n'en sera ni plus ni moins; n'abandonnons pas tout notre avoir à une combinaison que l'avenir pourrait bien retourner contre nous, gardons la moitié de cette somme par devers nous, pour un cas de nécessité, et portons le reste à Céphas. Ainsi, nous jouirons d'un double avantage : nous serons considérés comme des fidèles dévoués et nous participerons à tous les biens des membres de la communauté galiléenne.

— C'est vrai, dit Ananias, nul ne sait ce qui peut arriver et il est bon de se précautionner et de chercher son intérêt avant tout.

Ils vidèrent, alors, la bourse sur le tapis, comptèrent l'argent et en firent deux parts égales.

Ananias remit une des parts dans la bourse de cuir.

— Cache soigneusement le reste, dit-il à Saphira, dans un trou que tu feras dans l'angle de la maison et viens me rejoindre aussitôt à la maison de Marie, mère de Marc,[1] où je vais, de ce pas, porter cette part à Céphas.

____

(1) Où se réunissait la communauté chrétienne apostolique à Jérusalem (*Actes*, xii-12.)

Ayant ainsi parlé, Ananias sortit de la maison, et, quant à sa femme Saphira, après avoir soigneusement fermé la porte derrière lui, elle se mit en devoir de creuser le sol à l'endroit convenu, pour y enterrer le modeste trésor.

C'était le temps où la communauté chrétienne se formait dans l'ombre sous la direction des apôtres. L'Eglise de Jérusalem,[1] offrait alors le spectacle de « la république des anges. » Les croyants n'avaient qu'un cœur et une âme. Nul d'entre eux ne considérait ce qu'il possédait comme étant à lui en particulier; mais toutes choses étaient communes entre eux. Les apôtres rendaient, avec un grand courage, témoignage à la résurrection de Notre-Seigneur Jésus-Christ, et la grâce était grande dans tous les fidèles. Car il n'y avait pas de pauvres parmi eux; parce que tous ceux qui possédaient des fonds de terre ou des maisons les vendaient et en apportaient le prix qu'ils mettaient aux pieds des apôtres. On le distri-buait ensuite à chacun selon qu'il en avait besoin.[2]

« Si vous voulez être parfaits, avait dit le Seigneur, allez, vendez tous vos biens, distribuez-en le prix aux pauvres et suivez-moi. »

D'un premier élan, la société chrétienne primitive avait donc atteint les sommets de la perfection évangélique, véritable miracle moral chez des juifs dont la race avait toujours rendu et devait toujours rendre à l'or un culte obstiné.

Le « tien et le mien » n'existaient pas dans le langage chrétien, et les apôtres, qui avaient renoncé à tout pour suivre Jésus-Christ, voyaient affluer à leurs pieds l'argent qu'ils dédaignaient, afin d'en être les justes répartiteurs dans la communauté naissante qui s'élevait déjà à huit mille personnes.

Admirable exemple que celui de cette organisation primitive, selon les règles de la plus parfaite embryologie. Le sang

(1) Dit S. Jean Chrysostome.
(2) *Actes*, IV, 32 et suiv.

même de l'organisme naissant, c'est-à-dire les ressources matérielles, l'argent, est d'abord soumis à une centralisation dans le cœur de cet organisme, et c'est ce cœur qui, comme cela se passe dans la physiologie des êtres, va le répartir à travers tous les membres pour leur distribuer exactement la force vitale nécessaire à leur subsistance et graduée selon l'importance de leurs fonctions.

Et le cœur de cet organisme c'est Pierre, aussi bien au point de vue de la vie spirituelle du corps chrétien que de sa vie physique. Pierre est donc, de ce chef, investi d'un double pouvoir, spirituel pour paître les brebis du Christ dans les pâturages du Seigneur et pour confirmer ses frères dans la foi, et temporel, pour centraliser les ressources vitales du corps physique ecclésial et les répartir ensuite selon les besoins de tous et de chacun, comme le cœur dans l'organisme animal reçoit le sang, non pour le garder et s'enrichir, mais, au contraire, pour le doter de force et l'envoyer ainsi vivifié, en un cours régulier, dans tous les postes du corps vivant.

Et Pierre est si régulièrement, si naturellement investi de ce double pouvoir, que nous allons voir, d'après les actes des apôtres, quelle sanction va être donnée à son autorité apostolique.

Comme l'assemblée était réunie dans la maison de Marie, mère de Marc, Ananias entra et vint déposer la bourse qu'il portait, aux pieds des apôtres.

Aussitôt, Pierre, clairvoyant, lui dit :

— Ananias, pourquoi Satan s'est-il emparé de ton cœur, te portant à mentir au Saint-Esprit et à détourner une partie du prix de la vente de ton bien? Ce champ que tu as vendu, demeuré entre tes mains n'était-il pas à toi, et, l'ayant vendu, est-ce que le prix aussi ne t'appartenait pas tout entier? Comment donc as-tu pu concevoir un pareil artifice? Ce n'est pas aux hommes, c'est à Dieu que tu as menti.

En entendant ces paroles, Ananias tomba à la renverse et expira.

Tous les assistants, à cette vue, furent frappés de terreur.

Cependant, quelques jeunes gens relevèrent le cadavre et l'emportèrent pour l'ensevelir.

Trois heures environ s'étaient écoulées, lorsque Saphira, la femme d'Ananias, ignorant ce qui s'était passé, entra à son tour.

Pierre, en la voyant entrer, lui dit :

— Dis-moi, femme, est-ce bien pour tel prix que vous avez vendu votre champ?

— Oui, répondit-elle, c'est bien là le prix que nous en avons tiré.

Alors, Pierre reprit :

— Comment vous êtes-vous concertés tous les deux pour tenter l'Esprit du Seigneur? Voici que les pieds des jeunes gens qui viennent d'ensevelir ton époux, heurtent le seuil de la maison; ils vont te porter toi-même au tombeau.

Subitement, Saphira tomba aux pieds de l'apôtre et rendit l'âme.

En cet instant, les jeunes gens rentraient, et, la voyant morte, ils l'emportèrent et l'ensevelirent près de son époux.

Et la terreur fut grande dans l'assemblée et parmi tous ceux qui apprirent ce qui s'était passé.

Voilà donc quel fut le premier acte du pouvoir temporel, acte prépondérant et terrible qui fulgure à l'aurore de l'histoire de l'Église organisée sur la base de la communauté absolue des biens temporels et spirituels, sous le contrôle magistral et souverain de Pierre, prince des apôtres.

Ainsi, Pierre était pontife et roi dans cette société primitive que Jean Chrysostome appelait « la république des anges. »

La magistrature de l'Eglise dans son double caractère temporel et spirituel, voici comment le grand Paul, de son temps, la proclamait comme principe vivant et communautaire :[1]

« Comment se trouve-t-il quelqu'un parmi vous, qui, ayant un différend avec son frère, ose l'appeler en jugement devant les méchants et les infidèles et non par devant les Saints ?

» Ne savez-vous pas que les Saints doivent un jour juger le monde ?

» Que si vous devez juger le monde, êtes-vous indignes de juger des moindres choses ?

» Ne savez-vous pas que nous serons juges des Anges mêmes ? Combien plus le devons-nous être de ce qui ne regarde que la vie présente ?

» Si donc vous avez des différends entre vous touchant les choses de cette vie, prenez pour juges de cette matière les moindres personnes de l'Eglise.

» Je vous le dis pour vous faire confusion : est-il possible qu'il ne se trouve pas parmi vous un seul homme sage qui puisse être juge entre ses frères ?

» Mais on voit un frère plaider contre son frère et encore devant des païens et des infidèles.

» C'est déjà un péché parmi vous de ce que vous avez des procès les uns contre les autres. Pourquoi ne souffrez-vous pas plutôt qu'on vous fasse tort ? Pourquoi ne souffrez-vous pas plutôt qu'on vous trompe ?

» Mais c'est vous-mêmes qui faites tort aux autres, qui les trompez et qui traitez ainsi vos propres frères. »

Si donc Paul recommandait tant la magistrature mutuelle des membres du peuple chrétien dans leurs différends, à cette magistrature mutuelle, il n'y avait qu'un appel et qu'une sanction, c'était la magistrature temporelle du chef suprême de l'Assemblée des Saints.

Et ce chef était Pierre.

(1) *Ep. I aux Corinthiens*, vi, 1-8.

Mais les branches de chêne s'élevèrent d'elles-mêmes et refusèrent
de laisser reprendre le précieux dépôt. (P. 43.)

LA DONATION DU PREMIER EMPEREUR CHRÉTIEN.

Les temps étaient changés. Entre l'Eglise de Pierre et celle de Sylvestre, trois siècles avaient eu le temps de métamorphoser du tout au tout les conditions de l'existence chrétienne.

Le peuple chrétien n'était plus cette humble graine semée en terre par le Seigneur et travaillant laborieusement à étendre sous le sol ses racines incessamment engraissées par le sang des branches vigoureuses, que fauchait la tempête à mesure que l'arbre essayait de produire au soleil sa végétation sainte.

Déjà des églises étaient fondées dans presque toutes les parties du monde connu; les chrétiens n'étaient plus le ferment primitif chargé de désagréger une société vouée à la ruine; cette œuvre était achevée en grande partie et maintenant la masse entière était en travail pour la rénovation progressive et complète par la fusion de tous ses éléments.

Dès lors, c'est un tout autre caractère que va prendre le pouvoir temporel des papes, car l'Eglise est sortie du régime primitif de la vie commune pour se mêler à la vie sociale générale selon les formules du droit public.

Le fantôme impur et sanglant des Césars sombre à l'horizon comme un astre éteint à jamais, le règne de Constantin s'est levé, la croix a paru dans les airs comme un signe de victoire et de triomphe, et le sceau rédempteur brille maintenant sur les aigles romaines, sur les frontons des temples glorieux et jusque sur la couronne des empereurs.

Jusque-là, les empereurs romains, tant que le culte des faux dieux avait subsisté, étaient en même temps souverains pontifes des idoles; Constantin devait comprendre bientôt que le souverain pontificat chrétien ne pouvait appartenir à l'empereur, car Jésus-Christ était le seul pontife et Pierre le seul roi, vicaire et mandataire visible du Seigneur remonté dans sa gloire.

De plus, Constantin allait transporter le siège de l'empire romain à Byzance, il semblait naturel que Rome restât la ville de Pierre qui l'avait si merveilleusement conquise.

Enfin, l'eau du baptême avait coulé sur le front du premier empereur chrétien et non seulement sa vertu avait effacé les souillures de son âme, mais encore elle avait délivré ses membres du manteau hideux que la lèpre y avait mis.

La nécessité, les convenances et la reconnaissance devaient porter Constantin à montrer sa gratitude envers le Christ en dotant richement le suprême pontife de son Eglise terrestre.[1]

Il semble même que les empereurs d'Occident contribuèrent à sanctionner les vues de Constantin, en abandonnant Rome eux-mêmes et en allant fixer le siège de leur gouvernement à Mediolanum,[2] qui devint dès lors la nouvelle capitale politique de l'Italie.

Julien l'Apostat, lui-même, lorsqu'il se fit proclamer

---

(1) Nous n'avons pas touché à la question de la donation de Constantin dans notre volume *Le triomphe de la Croix*. Le lecteur s'y reportera pour l'enchaînement général de l'histoire.

(2) Milan.

empereur, ne se rendit pas à Rome mais à Constantinople.

« Ce fut le quatrième jour après son baptême, que le premier empereur chrétien conféra au pontife de l'Eglise romaine, le privilège qui le constituait le juge-roi du monde soumis à son empire.[1] »

L'édit constantinien commençait ainsi :

« Au nom de la sainte et indivisible Trinité, Père, Fils et Saint-Esprit, l'empereur César, Flavius, Constantin, fidèle au Christ-Jésus notre Sauveur, Alemanique, Gothique, Sarmatique, Germanique, Britannique, Hunnique, pieux, heureux, triomphateur et vainqueur, toujours auguste, au très saint et bienheureux père des pères, Sylvestre, évêque et pape de Rome, et à tous ses successeurs sur le siège du bienheureux Pierre jusqu'à la consommation des siècles, grâce, paix, charité, joie, longanimité, miséricorde, en Dieu le Père tout-puissant, en Jésus-Christ son Fils et en l'Esprit-Saint. Nous avons voulu par cet édit émané de notre autorité impériale, faire connaître à tous les peuples de l'univers les merveilleuses faveurs que notre Sauveur, Rédempteur et Seigneur Jésus-Christ, Fils du Dieu Très-Haut, a daigné nous accorder par ses saints apôtres Pierre et Paul et par l'intervention de notre père Sylvestre, souverain pontife et pape universel. »

L'empereur chrétien fait ensuite sa profession de foi catholique, puis il raconte sa maladie, la vision qu'il eut des apôtres Pierre et Paul, dont il reconnut les images lorsqu'elles lui furent présentées par Sylvestre.[2]

Il narre ensuite les détails de la préparation et de la pénitence qu'il subit dans son palais de Latran, ses jeûnes,

---

(1) *Actes de S. Sylvestre.* — Citation de Mgr Gerbet : *Esquisse de Rome chrétienne*, t. I, p. 260. Ce fut le III des Calendes d'Avril, 30 Mars 329 et jour de Pâques, que l'édit fut publié par Constantin lui-même.

(2) Voir *Le Triomphe de la Croix.*

ses prières, ses veilles et ses larmes, pour obtenir de Jésus-Christ le pardon des impiétés et des injustices qu'il avait commises, l'imposition des mains qui lui fut faite par le pape, sa renonciation à Satan, à ses pompes, à ses œuvres et aux idoles qui sont faites de la main des hommes, sa déclaration de croyance au Père tout-puissant, Créateur du ciel et de la terre, des choses visibles et invisibles, en Jésus-Christ son Fils unique, le Seigneur conçu du Saint-Esprit et né de la Vierge.

Il raconte la bénédiction de l'eau du baptistère et la triple immersion qui le purifia par le sacrement du salut.

« Pendant que j'étais plongé dans la piscine, ajoute-t-il, je vis de mes yeux une main céleste qui me touchait. En me relevant et me sortant de l'eau baptismale, je remarquai que l'affreuse lèpre dont mon corps était auparavant couvert avait disparu. Je fus retiré des fonts sacrés. On me revêtit d'habits blancs. L'évêque, par l'onction du chrême, me conféra la grâce septiforme de l'Esprit-Saint, il traça sur mon front l'étendard de la croix sainte, en disant :

» — Que Dieu te signe du sceau de sa foi, au nom du Père, du Fils et du Saint-Esprit.

» Et tous les clercs répondirent :

» — *Amen!*

» Le pontife ajouta :

» — Que la paix soit avec toi.

» Ainsi, dès ce premier jour de la réception du sacrement de baptême, je fus guéri miraculeusement de la lèpre, je reconnus qu'il n'y a pas d'autre Dieu que celui dont Sylvestre est le ministre,[1] savoir : le Père, le Fils et le Saint-Esprit, Trinité dans l'unité, unité dans la Trinité.

---

(1) On sait qu'avant de s'adresser à l'Eglise pour guérir son âme et son corps, celle-là de ses remords, celui-ci de sa maladie, Constantin s'était adressé à tous les prêtres des idoles tant Romains, qu'Etrusques et Egyptiens, vainement. Voir *Le Triomphe de la Croix.*

» Mais le pontife m'apprit que Jésus-Christ, notre Maître et Seigneur, avait dit à Pierre son disciple :

» — Ce que tu lieras sur la terre sera lié dans les cieux.

» Admirable et glorieux pouvoir ! Pendant que Sylvestre me l'expliquait, je comprenais davantage encore que ma guérison était une faveur du bienheureux Pierre.

» De même donc que le prince des apôtres a été constitué par Jésus-Christ lui-même son vicaire, il me parut convenable, ainsi qu'à tous mes satrapes, au sénat, aux grands et au peuple soumis à mon sceptre, d'investir les évêques, successeurs de Pierre, d'un pouvoir terrestre plus éclatant encore que celui dont nous jouissons glorieusement nous-même, puisque nous voulons choisir le prince des apôtres ainsi que ses successeurs, pour nos patrons et nos intercesseurs auprès de Dieu.

» Afin donc de rehausser notre puissance impériale sur la terre, nous avons résolu d'entourer d'honneurs la sainte Église romaine et d'exalter au-dessus de tous les trônes occupés par les hommes, le siège du bienheureux Pierre, en lui attribuant la puissance et la gloire.

» Nous ordonnons donc qu'il exerce l'autorité souveraine sur les quatre trônes d'Alexandrie, d'Antioche, de Jérusalem et de Constantinople, aussi bien que sur les autres sièges de toutes les églises du monde.

» Le pontife de la sainte Église romaine sera en tout temps, le chef et le prince de tous les évêques de l'univers; à lui appartient le jugement définitif sur toutes les questions qui intéressent la science de Dieu, l'intégrité et la stabilité de la foi chrétienne.

» Il est juste, en effet, que le chef et le principat de la loi divine soient attachés au siège que notre divin législateur et sauveur Jésus-Christ a voulu choisir pour celui du bienheureux Pierre, dans cette ville de Rome où le prince des apôtres a souffert le supplice de la croix et bu le calice d'amertume qui l'associait à la passion de son Seigneur et de son Maître.

» C'est là que les nations doivent fléchir le genou et venir confesser le nom de Jésus-Christ, car c'est là aussi que le docteur des nations, le bienheureux Paul, présenta sa tête au glaive du bourreau et reçut, pour la gloire de Jésus-Christ, la couronne du martyre.

» Qu'ils accourent donc les peuples de la terre, et que, jusqu'à la fin du monde, ils viennent entendre leur apôtre au lieu où reposent ses restes saints!

» Prosternés dans le recueillement et la prière, qu'ils servent désormais le Dieu du ciel, notre Sauveur Jésus-Christ, dans ce lieu où ils furent si longtemps esclaves des plus farouches tyrans!

» Nous voulons que tous les sujets soumis à notre empire sachent que, dans notre palais de Latran, nous avons élevé à la gloire de Jésus-Christ notre Sauveur, une basilique qui doit être désormais considérée comme le chef et la métropole de toutes les églises du monde. J'ai voulu, quand on creusait les fondations, porter sur mes épaules, en l'honneur des douze apôtres, douze corbeilles de la terre qui en fut extraite. Je renouvelle ici le privilège déjà contenu dans mes précé-dents décrets impériaux en faveur de cette basilique.

» J'ai fait de plus ériger les églises des bienheureux Pierre et Paul, princes des apôtres, et je les ai ornées des dons de ma munificence. J'y ai déposé avec honneur leurs saints corps dans deux tombeaux de bronze de Chypre, sur-montés d'une croix d'or enrichie de diamants, et fermés par des clous d'or. Pour l'entretien de ces basiliques, j'ai attribué par des édits impériaux de nombreuses donations territo-riales, tant en Orient qu'en Occident, au nord et au midi, en Judée et en Grèce, en Asie, dans la Thrace, en Afrique, en Italie et dans les îles diverses.

» Ces largesses de notre munificence ont été octroyées à la condition qu'elles seraient administrées par les mains de notre bienheureux père Sylvestre et de ses successeurs, qui disposeront de leur emploi.

» C'est en reconnaissance des faveurs que nous avons reçues du ciel, que nous donnons aux saints apôtres Pierre et Paul et par eux à leurs successeurs, notre palais de Latran, le premier et le plus auguste des palais impériaux.

» Nous avons donné à notre bienheureux père Sylvestre, le diadème qui couronnait notre front; la mitre phrygienne et le surhuméral que nous portons au cou comme symbole de notre puissance.

» Nous lui avons donné la chlamyde de pourpre, la tunique d'écarlate, enfin tous les ornements et insignes impériaux, le sceptre, les bandelettes, le cortège de dignitaires et l'escorte à cheval qui entourent notre majesté.

» Nous avons accordé aux très pieux clercs et ministres consacrés au service de l'Eglise de Rome, chacun dans leurs différents ordres, les privilèges d'honneur, de prééminence et d'autorité dont jouit notre très ample sénat; voulant qu'ils soient assimilés aux patrices, consuls et autres dignitaires impériaux.

» De même que notre personne auguste est servie par des officiers de divers grades, tels que *cubicularii*,[1] *ostiarii*,[2] *excubitores*,[3] nous voulons qu'il en soit ainsi près de la personne du pontife, pour rehausser l'éclat de sa dignité et la grandeur de l'Eglise romaine.

» Les clercs escorteront à cheval la personne sacrée du pontife; leurs chevaux porteront harnais et voiles blancs comme ceux de notre escorte et l'étrier décoré comme celui des sénateurs.

» Ainsi, les dignités du ciel et celles de la terre seront

(1) Chambellans.
(2) Introducteurs.
(3) Officiers de garde.

ornées, pour la gloire de Dieu, de la même splendeur.

» Avant tout, nous donnons à notre très saint père Sylvestre, évêque et pape de la ville de Rome ainsi qu'à tous ses successeurs, les bienheureux pontifes qui siégeront dans la suite des âges, pleine et entière puissance d'admettre à la cléricature en cette catholique et apostolique Eglise de Dieu, quiconque ils croiront devoir appeler à cet honneur sans que nul soit assez téméraire pour s'y opposer.

» Nous avions aussi décrété que notre vénérable père, le souverain pontife Sylvestre et tous ses successeurs, porteraient le diadème d'or et de pierreries que nous avons détaché de notre front pour leur en faire hommage. Nous voulions qu'ils le fissent pour la gloire de Dieu et l'honneur du bienheureux Pierre.

Mais le très saint pape Sylvestre a constamment refusé d'adjoindre à la couronne de la cléricature qu'il porte en mémoire du bienheureux Pierre, le diadème que nous lui avons remis. En conséquence, nous avons, de nos propres mains, déposé sur son front une mitre phrygienne d'étoffe blanche, emblème de l'éclatante lumière qui environna le sépulcre du Sauveur lors de sa résurrection.

» Pour mieux témoigner notre vénération envers le bienheureux Pierre, nous avons voulu, dans une circonstance solennelle, tenir nous-même, devant tout le peuple, la bride du cheval que montait le pontife.

» Afin de grandir à jamais la majesté du pontificat, nous allons, de notre personne, abandonner, outre le palais de Latran, la ville de Rome elle-même, les provinces d'Italie et l'Occident au bienheureux pape Sylvestre qui y exercera ainsi que ses successeurs le pouvoir royal, pour transporter notre empire en Orient et le siège de notre puissance dans la cité que nous élevons sur l'emplacement de Byzance et à laquelle nous voulons donner notre nom.

» Puisque Jésus-Christ, le roi céleste, a constitué à Rome

le centre de sa religion et le principat de son sacerdoce, il ne nous semble pas convenable que, désormais, un empereur terrestre vienne tenir le sceptre dans cette ville.

» Nous confirmons ici de nouveau toutes ces mesures déjà décrétées par nos précédents édits, pour qu'elles demeurent fermes et stables jusqu'à la fin du monde.

» Et maintenant, en présence du Dieu vivant qui m'a confié le sceptre et ordonné de régner, au nom du terrible jugement qu'il doit exercer un jour sur l'univers, j'adjure tous les empereurs qui doivent me succéder au pouvoir, tous les grands, les satrapes, le très ample sénat et le peuple entier, d'avoir à respecter cette constitution impériale, ainsi que tous les privilèges qui y sont accordés à la sainte Eglise romaine.

» S'il se trouvait jamais (ce que je ne puis croire), un sacrilège assez audacieux pour enfreindre ce pacte solennel, qu'il tombe sous l'anathème d'une éternelle condamnation, qu'il éprouve en cette vie et dans l'autre, l'indignation des princes des apôtres Pierre et Paul; qu'il soit plongé avec Satan et tous les impies dans les abîmes de l'enfer.

» Cette page de notre impérial décret souscrite de notre main, a été déposée par nous sur le tombeau du bienheureux Pierre, prince des apôtres. Là, nous avons solennellement renouvelé au glorieux saint la promesse de maintenir inviolable et de recommander à ceux qui régneront après nous, l'observation des privilèges que nous avons concédés à notre père Sylvestre, souverain pontife et pape universel, ainsi qu'aux évêques ses successeurs, par la grâce de Jésus-Christ notre Dieu, notre Seigneur et Sauveur. »

Et sous la signature impériale, il y avait cette phrase exclamative :

« Très saint et bienheureux Père, que Dieu vous conserve de longues années. »

Puis la date de cet édit :

« Donné à Rome le III des calendes d'avril, sous le consulat IVe de notre seigneur Flavius-Constantin-Auguste et de Gallicanus, hommes clarissimes.[1] »

Tel est l'ensemble de la célèbre donation de Constantin, par laquelle l'empereur romain chrétien se dépouillait du titre de *pontifex maximus*, jusque-là l'apanage principal des Césars, pour le laisser tout entier aux papes en l'entourant d'honneurs égaux à ceux qui décoraient par leur imposant appareil la majesté impériale.

Constantin ne partageait pas l'empire avec le pape, il ne

(1) Labbé, *Collect. des conciles*, t. i.

Tel est le texte d'ensemble de la fameuse donation constantinienne dont l'authenticité a été si passionnément discutée et niée. L'abbé Darras (*Hist. de l'Eglise*), avocat des causes difficiles en histoire ecclésiastique, se prononce pour l'authenticité. Ses conclusions ne sont pas dénuées de valeur et ses arguments paraissent probants. Le pape, en effet, a reçu par cette donation, non une juridiction temporelle, mais des honneurs temporels dus à sa haute dignité pontificale.

Le texte grec de la donation a été découvert en 850 à Constantinople, altéré par Photius, comme le montre un manuscrit de la bibliothèque impériale de Vienne. Ce texte grec est antérieur au texte latin que l'on accuse Mercator, Jean Diacre, Gratien ou Anastase le bibliothécaire, d'avoir créé de toutes pièces, d'après les actes douteux de S. Sylvestre.

De plus, nous voyons à diverses reprises des personnages politiques ayant intérêt à ne pas reconnaître la donation, promettre, au contraire, de la respecter ; ainsi l'empereur byzantin Nicéphore Phocas, devant qui Luitprand, évêque de Crémone en 948, affirmait avoir eu entre les mains les textes originaux ; ainsi Othon le Grand, empereur germain qui, par la bouche de son ambassadeur, jura par le Dieu vivant n'avoir soustrait ni en Saxe ni en Bavière, ni une ville, ni un homme, ni un pouce de terre, des donations faites par Constantin au siège apostolique.

Enfin, les fragments grecs de la donation, que l'on possède et que l'on doit au patriarche de Constantinople Photius, ont montré que la traduction latine a été mal faite et ne donne pas une idée exacte des idées exprimées par l'original grec.

Il est en outre invraisemblable, comme le remarque M. Dumont, *Origines historiques de la souveraineté temporelle du Saint-Siège L'Ami de la religion*, t. cxli), que si cette donation eût été une imposture, les papes l'aient revendiquée à travers les siècles sans que les Pépin, les Charlemagne, les Othon, les empereurs de Byzance, les petits princes d'Italie, les Romains même eussent protesté contre un mensonge qui gênait incessamment leurs ambitions.

confondait nullement les attributions temporelles avec les attributions spirituelles, mais, au contraire, il établissait le premier, avec netteté, la distinction parfaite des deux pouvoirs.

Par cet acte solennel, le pape était reconnu et accepté comme juge-roi et arbitre dans le monde. Constantin voulait faire du pape un juge suprême environné de la majesté royale; il voulait que son trône fut entouré de tous les attributs impériaux qu'il prend soin d'énumérer les uns après les autres, soin inutile s'il eut voulu faire du pape un empereur véritable d'Occident.[1]

(1) Darras, *Hist. de l'Eglise.. passim.*

III

Avec les siècles, le rôle du pontife romain devenait de plus en plus spécial et de plus en plus critique, par la force même des choses.

Alors même que les papes n'eussent pas consenti à être mêlés aux grands débats contemporains des peuples et des rois, ils n'eussent pu échapper à cette nécessité.

L'Italie, elle-même, leur conférait par acclamation une véritable souveraineté, lorsqu'elle les suppliait de la sauver de ces deux fléaux également désastreux pour elle : l'empire grec et la monarchie lombarde.

Nous avons vu[1] par quelles tristes aventures passèrent Rome et l'Italie, depuis que les empereurs, suivant l'exemple de Constantin, eurent porté leur trône à Byzance, laissant Rome et son territoire en proie aux révolutions intestines et aux invasions barbares.

C'est sur un sol détrempé de larmes et de sang, à travers les cadavres, tristes reliefs des batailles, au milieu des douleurs et des supplications, douloureux et suppliants eux-

_____

(1) Voir les volumes précédents.

mêmes, la plupart du temps, que les papes ont marché vers ce trône temporel dont l'éclat allait bientôt s'ajouter à celui de la magistrature spirituelle.

Sans cesse en opposition hypocrite ou ouverte avec la papauté, les empereurs de Byzance non contents de contrister les pontifes par leur appui secret ou public aux schismes et aux hérésies, délaissaient les papes, les tyrannisaient et les trahissaient jusque dans leurs plus profondes détresses, sans cesse alimentées par l'inquiète et envahissante turbulence des Lombards.

Les Lombards ou Langobards étaient un peuple germanique de race suève, qui était apparu pour la première fois dans l'histoire, sur les rives de l'Elbe au temps de l'empereur Auguste.

Après la destruction de leurs ennemis, les Hérules et les Gépides, ils avaient traversé les Alpes Juliennes sous la conduite de leur roi Alboin, en 568, et étaient venus fonder au nord de l'Italie un puissant royaume avec des institutions féodales, qui devait durer plus de deux siècles.

Devenus chrétiens par la conversion d'Autharis, leur roi, ils ne montraient envers l'Evangile ni la docilité de leurs sœurs les autres races germaniques, ni la loyauté robuste et généreuse des Francs.

Envahissement de l'Italie, siège et pillage de Rome, dont ils profanèrent jusqu'aux saints tombeaux des catacombes, incendie du mont Cassin et rapt de ses trésors, tels furent les exploits de début des Langobards.

Malgré leur conversion, les rois lombards devaient continuer leurs excès en Italie.

En 713, sans respect pour la donation authentique faite par son prédécesseur Aribert, le roi Luitprand reprit possession du domaine appartenant au Saint-Siège dans les Alpes Cottiennes.

Le pape Grégoire II refusa de se laisser dépouiller et

protesta avec énergie ; devant les réclamations et les menaces du pontife, Luitprand rendit sa proie,[1] effrayé, peut-être, par un signe menaçant qui avait paru au ciel, car la lune s'était montrée sanglante depuis la fin du jour jusqu'au milieu de la nuit.

Il devait commettre encore de nouvelles exactions contre le Saint-Siège.

En 728, les Lombards s'emparaient par ruse du castellum de Sutri et le détinrent en leur pouvoir pendant cent quarante jours.

Une fois encore, Grégoire II éleva la voix énergiquement contre cette criminelle spoliation et, devant ses réclamations et ses prières, Luitprand consentit à rendre cette cité qui, depuis longtemps, faisait partie du domaine temporel des bienheureux apôtres Pierre et Paul.

De plus, il renouvela et confirma en ce qui le concernait, la donation antérieurement faite au Saint-Siège.

Mais Luitprand devait encore commettre de nouveaux méfaits contre le pape.

Une comète paraissait alors à l'ouest et ses rayons occupaient la moitié du firmament, se dirigeant du côté du nord.[2]

Luitprand rompit l'alliance qu'il avait faite avec le pontife, pour conclure un traité avec le patrice Eutychius.

D'après les clauses de ce traité nouveau, le roi devait réunir à sa couronne les duchés de Bénévent et de Spolète, pendant que l'exarque s'emparerait de Rome et consommerait sur le pape un sacrilège attentat depuis longtemps médité par l'empereur Léon l'Isaurien.

Luitprand entra sans coup férir à Spolète, reçut le serment de fidélité des chefs militaires, prit des otages parmi les

_____

(1) En 716.

(2) Ce détail est consigné dans le *Liber Pontificalis*, notice xci.

citoyens les plus marquants et, continuant sa marche dans la direction de Rome, vint faire halte à deux milles de la cité, à l'ancien camp de Néron.

A cette nouvelle, le pape Grégoire implora l'assistance des bienheureux apôtres Pierre et Paul et sortit de la ville pour aller au camp du roi des Lombards.

En voyant le pontife ferme devant lui et en entendant ses remontrances pleines d'onction et de piété, Luitprand fut ému.

Il se prosterna aux pieds du vicaire de Jésus-Christ et lui jura de renoncer à ses perfides projets.

Il fit plus.

Il partit avec le pontife, entra dans Rome avec lui et vint s'agenouiller à la confession de Saint-Pierre; là, il déposa son manteau royal, ses brassards, son beaudrier, sa dague, son épée, sa couronne d'or massif et une croix d'argent qu'il portait sur sa poitrine.

Puis il pria et quand sa prière fut achevée et qu'il eut fait de riches offrandes à la basilique, il conjura le pontife de bien vouloir pardonner à Eutychius comme à lui-même.

Grégoire y consentit. L'excommunication dont avait été frappé le patrice fut levée, la paix fut conclue, Eutychius entra pacifiquement dans Rome, puis Luitprand reprit la route de Pavie.

Luitprand n'était pas un simple bandit, c'était un grand prince et un héros, l'un des personnages les plus célèbres de la monarchie lombarde et de l'histoire du VIIIe siècle.

Il était le fils du sage Ansprand, appelé au trône par les vœux unanimes de son peuple après la révolution sanglante qui avait suivi la mort d'Aribert, et, lorsque lui-même avait été atteint d'une maladie mortelle, c'était encore le peuple qui avait acclamé son fils pour lui succéder.

Luitprand s'était élevé au milieu des dangers inhérents à

un système politique qui laissait aux ducs du royaume une indépendance redoutable et féodale.

Aussi, les complots contre sa vie n'avaient pas manqué de se former.

Un jour, Rotharit, cousin de Luitprand, l'invite à un grand repas. Le jeune roi allait s'y rendre, lorsqu'on l'avertit des noirs desseins de son parent. Aussitôt, il le fait mander au palais.

Le traître, en costume d'apparat, avait déjà placé sous son manteau le poignard régicide. Il accourt sans prendre le temps de changer de costume.

— Ah ! c'est vous, cousin, s'écria le roi d'un ton joyeux, en lui tendant les bras.

Et, du même geste amical, Luitprand écarte la chlamyde du traître et lui montre sa cuirasse et son poignard.

Rotharit, furieux, fait un bond en arrière, saisit sa dague et s'élance contre le roi.

Mais l'un des officiers, Subo, le prend au milieu du corps par le bras gauche et, de la main droite, lui enfonce un poignard dans le crâne.

Peu de temps après, Luitprand est de nouveau informé que deux écuyers doivent, à leur tour, attenter à ses jours. Sans s'émouvoir, il organise une partie de chasse pendant laquelle il s'engage au plus profond des bois, escorté des deux seuls assassins qui, déjà, se félicitaient d'une circonstance si favorable à leur projet et de l'inqualifiable imprudence du roi.

Mais, tout à coup, Luitprand arrête son cheval et, tirant son épée du fourreau :

— Vous avez résolu de me tuer, s'écrie-t-il, allons, le moment est favorable, n'hésitez pas ; à nous trois !

Lâches comme tous les traîtres, les deux écuyers, trem- blants, déroutés, éperdus, se prosternèrent aux pieds de leur souverain en implorant leur pardon et en lui jurant une

Les envoyés du Pape et du peuple romain furent reçus
par le prince Charles avec une magnificence extraordinaire. (P. 51.)

fidélité éternelle. Serment arraché par la peur, mais auquel ils ne manquèrent point dans la suite.[1]

Tel était l'homme peu ordinaire qui occupait alors le trône des Lombards.

Il n'avait pas seulement du courage, il avait encore du génie et il se croyait investi d'une mission providentielle que les événements, toutefois, n'allaient pas lui permettre de réaliser pleinement.

Chasser les grecs de l'Italie, assurer la domination lombarde, réprimer la turbulence des ducs, tel était son programme certainement magnifique.

Humainement parlant, il semblait que les papes eussent dû applaudir à ces projets, dont la réussite aurait établi l'unité italienne et délivré ce sol de l'odieuse tyrannie byzantine.

Luitprand ne s'était servi d'Eutychius que comme d'un jouet et d'un instrument inconscient; après avoir assiégé et pris Ravenne, il allait enfin réaliser son plan depuis si longtemps rêvé et poursuivi, l'empire de Byzance allait être expulsé de toute la péninsule et, par la déchéance de cet empire, la papauté allait se voir délivrée de son plus farouche ennemi, Léon l'Isaurien, empereur de Constantinople, qui avait mis à prix la tête du pape Grégoire II.

Mais la Providence voulait-elle bien cela? La Providence n'avait-elle pas d'autres vues?

Pendant que s'agitait ce terrible échiquier des conquêtes qui retentit à travers les âges du fracas des batailles sanglantes et de la chute retentissante des trônes et des dynasties, un pion imprévu entre en jeu, qui va changer toutes les combinaisons, contrairement à toutes les apparences humaines, contrairement à ses plus immédiats et à ses plus vraisemblables intérêts.

---

(1) Paul Diacre, *De gestis Langobardorum*, l. vi, ch. xxxviii, *Patrol. lat.*, t. xcv.

Ce facteur de génie à l'œil d'aigle, c'est un faible vieillard, c'est un homme sans armée, c'est un pape sans escorte, c'est Grégoire II, qui s'avance précédé seulement de quelques clercs qui portent devant lui la croix apostolique.

A quoi pense-t-il? a-t-il, lui aussi, un plan d'avenir plus génial? a-t-il sondé le temps futur d'un regard prophétique?

Il ne dit rien de tout cela, mais il parle du droit, de la justice, de la vérité, de la paix. Il est écouté, entendu, et Luitprand vient se prosterner sur la confession de Saint-Pierre et y abandonner ses projets.

L'Italie ne sera point délivrée du joug odieux de Byzance; le pape restera le persécuté des Césars de Constantinople et la monarchie lombarde verra s'évanouir les rêves d'un avenir long et triomphant, désormais séché dans sa fleur.

Telle fut l'œuvre de Grégoire II au camp de Néron.

Grégoire II avait compris que la vieille et décrépite tyrannie de Byzance valait encore mieux que la tyrannie nouvelle, plus immédiate, plus vivace et plus dangereuse des rois lombards, qui n'eut jamais laissé au Saint-Siège d'indépendance temporelle.

La Providence devait délivrer le pape et lui assurer cette indépendance si nécessaire, mais plus tard; bientôt, cependant, et par la France, Pépin et Charlemagne.

L'histoire était là, du reste, pour montrer à Luitprand que la politique qu'il voulait suivre et qui avait été tant de fois tentée avant lui, l'aurait mené à des catastrophes plus sûrement peut-être qu'à des triomphes solides et durables.

Car ce que devaient faire Pépin et Charlemagne, Charles Martel l'aurait fait.

Luitprand se souvint de son ancien programme et il revint de bonne foi à ce qu'il avait dit deux ans auparavant à l'exarque Eutychius :

« Les Romains et les Lombards sont deux peuples frères; la chaîne de la foi qui les unit est indissoluble; les uns et les

autres sauront affronter la mort et défendre un pontife qui
lutte héroïquement pour la défense de la foi véritable et la
cause du salut des chrétiens. »

Il se consacra, dès lors, à rendre la justice et à édicter
des lois qui, toutes, portaient ces paroles préliminaires :

*« Au nom du Seigneur Jésus-Christ notre Sauveur
divin ; et avec l'aide de Dieu.*[1] »

Et son œuvre était difficile sur ce trône assailli par toutes
les compétitions des ducs féodaux, qui n'aspiraient qu'à
agrandir leurs domaines jusqu'à se dévorer entre eux,

Dès lors, Luitprand se montra très chrétien, multipliant
les constructions de basiliques et les fondations pieuses. Il
édifia aux portes de Pavie le magnifique monastère de Saint-
Pierre-au-ciel-d'Or,[2] et y fit solennellement transporter les
ossements d'Augustin, l'illustre évêque d'Hippone.

Depuis deux cents ans, les restes du saint Docteur avaient
subi de tristes vicissitudes. Soixante évêques catholiques, à
la suite de Fulgence, chassés par la persécution arienne de
Thrasamond, avaient été déportés en Sardaigne et ils avaient
emporté avec eux ce trésor qu'ils avaient déposé dans l'église
de Cagliari.

Vers 520, les musulmans dont les navires sillonnaient la
Méditerranée, avaient fait une descente dans cette île et leurs
mains sacrilèges s'étaient emparées de ces ossements vénérés.
Ce fut à eux que Luitprand les fit racheter pour leur donner
un tombeau digne du grand saint à qui ils avaient appartenu.[3]

---

(1) Luitprand, *Diplomatie ; Patrol. lat.*, t. LXXXVII.

(2) Ainsi appelé à cause des voûtes richement ornées.

(3) Ces reliques devaient encore subir des vicissitudes et des translations. Par la
piété des rois Lombards et plus tard de Charlemagne et de ses successeurs, la garde
en fut confiée d'abord aux Bénédictins puis aux ermites Augustins. On les garda si
bien, qu'on les cacha et qu'on perdit le souvenir du lieu où on les avait mises. En
1695, on les découvrit et les chanoines réguliers de Saint-Augustin publièrent une
description authentique de la découverte. Les ermites élevèrent des contestations

Un autre mausolée était élevé non loin de là à l'honneur du grand martyr chrétien Boèce, immolé en haine de la foi par Théodoric.

Luitprand éleva aussi sur le sommet alpestre du Bardo, près de Parme, le monastère de Bercetum, qui devait s'appeler plus tard Saint-Abundio, parce qu'il reçut le corps du martyr saint Abundius.

Comme on construisait ce monastère, le saint évêque de Rennes, Moderamnus, qui faisait un pèlerinage *ad limina sancti Petri*, passant le mont Bardo, dressa sa tente près d'un chêne, afin de prendre un peu de repos avec un clerc qui l'accompagnait dans sa route.

Moderamnus était porteur d'un sac contenant de pieuses reliques que les religieux du monastère de Saint-Remi lui avaient données lorsqu'il était passé à Reims.

C'étaient quelques fragments de l'étole, du cilice et du suaire du grand évêque franc.

Il suspendit ce sac à l'une des branches du chêne à portée de sa main et se livra au sommeil.

Dès que le jour parut, Moderamnus reprit sa route, mais

sur l'authenticité et la dispute dura longtemps. Après une enquête laborieuse, l'évêque de Pavie, Perturbati, déclara que ces restes étaient bien ceux de l'évêque d'Hippone, et Benoît XIII, en confirmant son jugement, imposa à la controverse un silence éternel. (Beccard, *Hist. des reliques de S. Augustin, passim.*)

Par suite des guerres en Italie, les reliques furent confiées à la cathédrale de Pavie. Elles étaient placées dans une urne magnifique d'argent repoussé d'une très grande valeur, et cette urne était elle-même placée dans un superbe mausolée de marbre, de jaspe et de porphyre, orné de bronze doré.

De nos jours, le général de l'Ordre des Augustins, le P. Thomas Rodriguez, supplia le pape Léon XIII de rendre ces reliques aux religieux et, après maintes supplications et de longs délais, Léon XIII vient d'accéder à leurs vœux. Le dimanche 7 octobre de la présente année 1900, les restes de l'évêque d'Hippone ont été repris par les Augustins et retransportés en grande pompe de la cathédrale de Pavie à l'église du monastère, qui n'est autre que le fameux couvent du Ciel-d'Or élevé par Luitprand, roi des Lombards.

bientôt il s'aperçut qu'il avait oublié de reprendre son précieux trésor.

/ — Wulfad, dit-il aussitôt à son clerc, cours vite sans perdre un instant, au lieu d'où nous venons, car j'ai oublié sur la branche du chêne le sac qui contient les saintes reliques du bienheureux Remigius.

Wulfad s'empressa d'obéir. Il trouva le sac encore suspendu à la branche et tendit la main pour le saisir.

Mais les branches du chêne s'élevèrent d'elles-mêmes et refusèrent de laisser reprendre le précieux dépôt.

Il courut informer Moderamnus de ce prodige. L'évêque mérovingien accourut à son tour et ne fut pas plus heureux dans ses tentatives. Le précieux sac refusait obstinément de se laisser saisir et l'arbre ne consentait pas à rendre son dépôt.

Moderamnus dressa de nouveau sa tente en ce lieu et passa tout le jour et toute la nuit en prières, puis il célébra la messe à l'autel du monastère et fit vœu de partager son trésor avec l'abbaye si les reliques lui étaient rendues. Il revint alors au pied de l'arbre et le sac vint s'offrir sans résistance à ses mains.

Aussitôt, l'évêque partagea ces saints souvenirs avec les religieux de Bercetum, et le roi Luitprand voulant perpétuer par un acte authentique le souvenir de ce prodige, institua Moderamnus possesseur du monastère.

L'évêque mérovingien, muni de cet acte, fit son voyage à Rome, revint par Reims, déposa la cédule sur le tombeau de saint Remi et, de retour en Bretagne, se fit élire un successeur sur le siège de Rennes. Bientôt après, il disait adieu à sa patrie et à son troupeau, et venait s'enfermer à Bercetum pour y terminer ses jours dans la retraite et la prière.[1]

Luitprand construisit encore dans les faubourgs d'Olonna,[2]

---

(1) Elodoard, *Hist. ecclésiastique*, l. i, ch. xx. *Patrol. lat.*, t. cxxxv. — Là fête de S. Moderan est le 22 octobre.　　　　(2) Aujourd'hui Cortelona.

une église et un monastère en l'honneur du martyr Anastase ; du reste, il multipliait les constructions de ce genre sur tous les points de son royaume.

Dans son palais même, il érigea un oratoire consacré à Jésus-Sauveur et y attacha un collège de prêtres et de clercs chargés d'y chanter l'office quotidien.

Cent trente ans s'étaient écoulés depuis que Zoto, duc de Bénévent, avait incendié le mont Cassin. De la riche abbaye bénédictine, il ne restait que des ruines du milieu desquelles avaient disparu, par une pieuse fraude, le corps de saint Benoît et celui de sa sœur Scolastique, pour aller enrichir au pays des francs, l'un l'abbaye de Floviacum, l'autre la ville des Cenomani.

Luitprand avait fondé tant d'établissements et de monuments religieux, qu'il ne pouvait refuser son appui à l'œuvre de la restauration de la célèbre abbaye du Mont-Cassin et il est permis de croire qu'il n'y resta pas étranger.

Du reste, le saint patriarche Benoît qui avait jadis prédit la ruine de son monastère, en avait aussi annoncé la reconstruction. Cette seconde prophétie était près de s'accomplir.

En 718, un riche citoyen de Brescia, nommé Pétronax, vint en pèlerinage à Rome, et Grégoire II lui suggéra l'idée de reconstruire l'abbaye.

Pétronax accepta et vint s'établir près du tombeau vide du grand patriarche Benoît, autour duquel étaient groupés quelques pieux ermites qui, aussitôt, le choisirent pour leur abbé.

Peu de temps après, ce lieu de désolation revenait à la vie et, de toutes parts accouraient, pour repeupler ce désert, des hommes de toutes les conditions sociales, nobles et serfs, ignorants et savants, riches et pauvres, sollicitant la grâce d'être admis à vivre sous le joug de la règle bénédictine.

Tous les bâtiments du cloître se relevèrent de leurs ruines et bientôt l'abbaye reprit son antique splendeur.

Le pape établit canoniquement Pétronax prieur de la nouvelle thébaïde et envoya de précieux présents.

C'était un manuscrit complet des livres de la Bible et l'exemplaire original de la règle bénédictine écrit de la main même de saint Benoît.

En même temps, trois frères, Tato, Taso et Paldo, fondaient une colonie bénédictine et le monastère de Saint-Vincent sur les rives du Vulturne.[1]

C'était un duc de Bénévent qui avait détruit en 580 la maison de saint Benoît et dévasté son héritage, un autre duc lombard de Bénévent, Gisull, répara ce forfait en rendant à l'abbaye tous les biens dont elle avait été dépouillée et en y ajoutant des donations nouvelles, qu'un diplôme de 744 devait attester et garantir.

A cette époque, les Sarrasins d'Espagne tentaient la conquête des Gaules et Charles-Martel demandait contre l'ennemi commun du christianisme l'alliance des Lombards.

Luitprand se hâta de se rendre à l'appel du roi franc auquel il fut d'un grand secours.

Cependant, le pape et l'Italie allaient se trouver encore dans de grands embarras toujours suscités par la néfaste politique des empereurs de Constantinople.

Grégoire II était mort et Grégoire III lui avait succédé.

L'Italie était pleine de révoltes et d'agitations entretenues par le mécontentement du peuple opprimé et l'ambition des ducs que Luitprand contenait à grand peine.

Trasimond, fils de Faroald, duc de Spolète, s'était emparé des états de son père qu'il avait enfermé dans un cloître, et voulait détrôner le roi des Lombards.

Luitprand avait, une première fois, déjoué ses projets ourdis avec le concours de Romuald II, duc de Bénévent.

Les états des deux ducs étaient séparés par le territoire

(1) Paul Diacre, l. v:, ch. xl, *Patrol. lat.*

romain que les papes gouvernaient réellement, quoiqu'il y eut un duc romain relevant des exarques de Ravenne qui, eux-mêmes, relevaient de l'Empire.

Trasimond voulant se ménager sinon l'appui, du moins la neutralité bienveillante du pape et de l'exarque, consentit à restituer moyennant une somme importante, au territoire romain, le *castrum Gallhense* qui lui appartenait depuis long-temps et dont les ducs de Spolète s'étaient violemment empa-rés. Ce fut le pape qui fit les frais de ce rachat.

Sur ces entrefaites, Romuald mourut subitement, lais-sant un fils au berceau auquel les Bénéventins jurèrent fidélité; mais Luitprand s'empara du duché dont il donna le gouvernement à un de ses parents, nommé Grégoire. Ce dernier mourut quelques années après et les Bénéventins se choisirent un duc, s'allièrent à Trasimond, et l'exarque de Ravenne se joignit à eux pour détrôner Luitprand.

Grégoire III, cependant, demeurait étranger à cette alliance dont il devait bientôt devenir la victime.

Luitprand, irrité, fondit avec la rapidité de la foudre à la tête d'une formidable armée sur l'Ombrie et arriva devant Spolète.

Trasimond, épouvanté, s'enfuit à Rome où le duc Etienne mit à sa disposition toutes les milices romaines.

Pris dans ce terrible conflit, le pape Grégoire mesura l'abîme qui allait s'ouvrir sous ses pas et la grandeur des calamités qui allaient fondre sur Rome.

Luitprand réclamait qu'on lui livrât le duc rebelle. Ce fut en vain. Alors, il s'empara en représailles des quatre cités romaines, Ameria, Orta, Polimarzo et Bléra, puis il retourna dans sa capitale.

Grégoire écrivit alors aux évêques de Toscane, pour les prier de joindre leurs instances à celles de ses légats, afin d'obtenir de Luitprand la restitution des quatre villes.

« Si vous refusez votre concours, ajoute-t-il, je n'hésiterai pas malgré les infirmités qui m'accablent à entreprendre moi-même ce laborieux voyage, et je sévirai contre votre négligence à remplir les obligations contractées le jour de votre sacre envers l'Eglise du bienheureux Pierre.[1] »

Pendant ce temps-là, Trasimond, le duc Etienne, Godescale de Bénévent, à la tête de toutes les milices de Rome et de l'Italie méridionale, profitant de l'hiver qui avait appelé Luitprand dans ses états, se précipitèrent sur l'Ombrie, chassèrent les garnisons lombardes et entrèrent victorieux à Spolète.

Luitprand, alors, conçut une terrible colère et jura de faire porter aux Romains le poids de sa vengeance.

(1) *Patrol. lat.,* t. LXXXIX, *Ep. de S. Grég. III.*

IV

L'année 741 s'ouvrait sur cet horizon de tempêtes amoncelées sur Rome par l'astucieuse et vindicative politique de Constantinople.

Comme un naufragé sur la mer orageuse, le pape Grégoire III, isolé dans ce vaste conflit, cherchait anxieusement autour de lui, d'où pourrait bien lui venir le secours.

Son regard se tourna alors vers les Gaules et il pensa que le vainqueur des musulmans d'Espagne, le glorieux et vigoureux Charles-Martel, pourrait seul, avec l'aide de Dieu, sauver Rome et l'Eglise.

Quelque temps après, une ambassade envoyée par Grégoire se présentait au héros franc et, avec de riches présents, les clefs du tombeau de saint Pierre et quelques parcelles des glorieuses chaînes du prince des apôtres, lui remettait une lettre conçue en ces termes :

« Au seigneur et très excellent fils Charles, vice-roi, Grégoire, pape.

» Le flot des tribulations nous submerge, nos larmes ne tarissent ni jour ni nuit en voyant la sainte Eglise de Dieu abandonnée par les fils sur lesquels reposait son espoir.

» Dans toute la province de Ravenne, les revenus ecclésiastiques, les ressources destinées à l'entretien et à la nourriture des pauvres de Jésus-Christ, ont été anéantis par le
roi lombard.

» Rome et son territoire sont envahis par des bandes
armées qui dévastent et minent les domaines de saint Pierre ;
tout ce qui avait échappé au fer et au feu est maintenant
livré au pillage.

» Déjà, très excellent fils, vous avez été informé de notre
détresse, cependant, aucune consolation ne nous est encore
venue de votre part.

» Vous avez ajouté foi aux fausses relations qui vous ont
été adressées par Luitprand et la vérité que nous vous
faisions connaître, n'a obtenu près de vous aucune faveur.
Plaise au Seigneur de ne pas vous l'imputer à péché.

» Les Lombards qui assiègent Rome nous répètent sans
cesse :

» — Qu'il vienne donc ce Charles que vous avez appelé à
votre secours, qu'il vienne avec ses Francs ; nous verrons
s'il vous délivrera de nos mains ! »

» De telles insolences ne font que redoubler notre douleur, et nous sommes bien forcés d'avouer que la sainte
Eglise de Dieu, votre mère spirituelle, ne trouve plus, parmi
tant d'illustres enfants, un seul protecteur.

» Le prince des apôtres est assez puissant, très cher fils,
pour défendre lui-même sa maison et son peuple, pour tirer
vengeance de ses ennemis ; mais il veut éprouver le cœur de
ses fidèles.

» Pour savoir exactement, très chrétien fils, que toutes
les accusations dont nous sommes l'objet sont dénuées de
fondement, choisissez un de vos fidèles serviteurs, un homme
intègre que l'or ne puisse séduire, chargez-le de se rendre
près du roi lombard et ensuite près de nous, il verra de ses
yeux l'injustice dont nous sommes victime, l'humiliation de

l'Eglise, la dévastation de ses domaines, les larmes des pauvres et des orphelins. De la sorte, il pourra éclairer votre religion.

» Au nom du Seigneur notre Dieu et notre juge, pour le salut de votre âme, nous vous en conjurons, très chrétien fils, ne différez pas votre intervention et ordonnez à Luitprand de rentrer dans les limites de ses états.

» Je remets entre vos mains les clefs de la confession du bienheureux Pierre; ne faites pas au prince des apôtres l'injure de préférer à son alliance celle d'un roi lombard.

» Le porteur de ces lettres, Anschard, votre serviteur fidèle, vous dira de vive voix tout ce qu'il a vu ici et tout ce que nous l'avons chargé de vous déclarer plus spécialement en notre nom.[1] »

L'envoyé du pontife était donc chargé auprès du roi franc d'une mission positivement secrète, dont les termes ne pouvaient être confiés sans danger au parchemin.

Cette mission secrète consistait à faire savoir au duc d'Austrasie que le pape avait l'intention de se soustraire à la domination des empereurs d'Orient et offrait au prince Charles le consulat de la ville de Rome,[2] en sollicitant de lui aide et protection efficaces.

En même temps, un autre message de Grégoire III, plus pressant encore, parvenait au puissant maire du palais, conçu en ces termes :

« Nos douleurs se multiplient, je m'adresse encore une fois à votre excellence comme au fils dévoué du bienheureux Pierre, prince des apôtres.

» Les attaques et les violences des lombards sont devenues intolérables; ils ont spolié tout ce qui appartenait à la basi-

(1) S. Grégoire III, *Ep. V, Patr. lat.*

(2) Frédégaire, *Chroniques continuées*, III° partie, *Patr. lat.*, t. LXXI. — *Annales antiques des Francs, Patr. lat.*, t. XCVIII.

lique de Saint-Pierre; ils ont enlevé les riches offrandes qu'elle tenait de votre munificence et de celles de vos parents. Le seul fait d'avoir imploré votre protection devient à leurs yeux un crime impardonnable; c'est pour nous en punir qu'ils ont dévasté l'église de Saint-Pierre.

» Notre envoyé donnera de vive voix à votre excellence de plus amples détails.

» Pour vous, très cher fils, le Dieu tout-puissant vous traitera en cette vie et en l'autre, selon que vous en userez vous-même vis-à-vis de l'Eglise qui implore votre secours.

» Montrez à tout l'univers, en prenant notre défense, combien est ardent votre amour pour le bienheureux Pierre, prince des apôtres, combien est sincère la foi qui vous anime. Ainsi, vous assurerez à votre nom l'immortalité dans le temps et à votre âme la gloire éternelle.[1] »

Mais l'heure du nouvel empire d'Occident n'était pas encore sonnée; c'était les successeurs de Grégoire III qui devaient moissonner dans l'allégresse ce que ce pape semait dans les larmes.[2]

Toutefois, les envoyés du pape et du peuple romain furent reçus par le prince Charles avec une magnificence extraordinaire et comblés de riches présents.

Un plaid national fut assemblé pour délibérer sur le parti à prendre.

Une ambassade partit pour Rome, chargée de porter au pape la réponse du prince franc et de déposer sur le tombeau du bienheureux Pierre, prince des apôtres, de riches présents.

Le duc d'Austrasie choisit pour cette mission, Grimo, abbé du monastère de Corbie et plus tard archevêque de Rouen, auquel il adjoignit un moine de Saint-Denis, Sigebert, promu lui-même plus tard à la dignité abbatiale.[3]

(1) S. Grég. III, *Ep. VI, Patr. lat.*, t. xcix.   (2) Baronius.
(3) Frédégaire, *Chroniques continuées* et *Anciennes annales des Francs.*

Charles-Martel ne pouvait intervenir que d'une manière prudente et pacifique; sa couronne n'était pas solide, il ne pouvait jouer en Italie un rôle souverain, alors qu'il n'était encore dans les Gaules qu'un maire du palais; de plus, son alliance avec Luitprand et les secours qu'il en avait reçus, lui conseillaient la modération. Enfin, il était atteint déjà du mal qui devait bientôt l'emporter,[1] et ses ambassadeurs arrivèrent à Rome comme on célébrait les funérailles du pape Grégoire III.

Cette même année vit donc disparaître de la scène du monde les trois personnages les plus considérables du temps, le pape, l'empereur d'Orient et le duc d'Austrasie.

Le pape Zacharie monta sur la chaire de Pierre au milieu de cette tempête et quatre jours après la mort de son prédécesseur, élu à l'unanimité par le clergé et le peuple.

Elévation presque terrible au moment où tous les trônes, pour ainsi dire, changeaient à la fois de maîtres, où les révolutions éclataient sur tous les points du monde, et où sur ce vaste échiquier qui comprenait l'Orient et l'Occident, un simple coup de dés pouvait engloutir à jamais la fortune de l'Eglise.

Zacharie trouvait, à son avènement au trône pontifical, le duché de Rome[2] en conflagration par suite de la révolte de Trasimond, duc de Spolète, contre Luitprand, roi des Lombards, comme nous venons de le voir.

Par suite des événements corollaires que nous avons rapportés, la lutte était sérieuse entre les Romains et les Lombards.

---

(1) En septembre 741.

(2) D'après Bencini, *Notes sur le Liber Pontificalis* (*Patrol. lat.*, t. cxxviii), le duché de Rome dont les titulaires relevaient de l'empereur de Constantinople, était composé de la ville de Rome et des forteresses, bourgs et villages de la Toscane et du Latium : Porto, Centumcellœ (Civita Vecchia), Blera, Maturana, Supri, Castrum Gallesii, Orta, Polimarzo, Ameria, Tudertum, Pérouse, Narni, Otricoli, Segni, Anagni, Ferentino, Alatri, Frosinone et Tibur.

Trasimond avait promis au pape, au patrice et au peuple romain, de restituer les quatre cités perdues au commencement de la guerre et n'avait pas tenu sa promesse; Luitprand, de son côté, se préparait à entrer dans le duché de Rome avec son armée.

Le Dieu tout-puissant inspira alors au pape Zacharie un dévouement tel qu'il n'eut pas hésité à donner sa vie pour le salut de son peuple.[1]

Sur-le-champ, il envoya une ambassade au roi des Lombards avec des lettres si touchantes, que Luitprand en fut ému et promit de restituer les quatre cités conquises.

Le saint pape ne s'en tint pas là.

De son côté, il agit avec une habile énergie et réussit à détacher de la cause du duc Trasimond la milice romaine, et, cette alliance une fois rompue, le nœud gordien de la guerre était tranché, le duc de Spolète n'étant plus assez fort pour continuer la lutte, se vit forcé de demander la paix.

Il vint se jeter aux pieds de Luitprand et implora sa clémence souveraine.

— Je te pardonne ta félonie, lui dit le monarque lombard, mais à une condition; on te coupera les cheveux et tu seras moine; ainsi, tu subiras justement le sort que tu as fait subir injustement à ton seigneur et père que tu as dépouillé.

Entre cette alternative et la mort qui planait sur sa tête, le duc de Spolète n'hésita pas; il choisit la tonsure et le cloître.

Luitprand donna le duché de Spolète à son neveu Ansprand,[2] tandis qu'il rendait à Gisulf II, fils de Grimoald, le duché de Bénévent après la mort de Godescale, tué par ses sujets en révolte.

(1) Dit le *Liber Pontificalis*, que nous suivons pas à pas dans ce récit, pour montrer les origines et la constitution normale du pouvoir temporel des papes.

(2) En 742.

La paix complète ne tenait plus désormais qu'à la restitution au duché romain des quatre forteresses depuis si longtemps réclamées par le pape, le patrice et le peuple de Rome.

Luitprand avait promis de faire cette restitution, mais il différait toujours de l'accomplir. Il était alors dans la cité des *Interamnenses*,[1] sur les frontières du duché de Spolète.

Zacharie résolu à pousser jusqu'au bout son dévouement pour la cause italienne qui était aussi celle de la Papauté, résolut d'aller en personne réclamer les villes au roi.

Plaçant en Dieu seul son espérance, il se revêtit de ses habits pontificaux et sortit processionnellement de Rome, escorté de ses prêtres et de ses clercs.

Avec une noble audace, le cortège pontifical s'avança ainsi jusqu'aux frontières du duché de Spolète.

Luitprand apprit la démarche du pontife; aussitôt, il fit partir son ambassadeur Grimoald pour accompagner honorablement le pape jusqu'à la ville de Narni où se trouvaient les ducs et les principaux chefs de l'armée lombarde, réunis là par ordre du roi pour recevoir solennellement le pontife, qu'ils conduisirent avec honneur jusqu'au huitième mille de cette ville où le roi lui-même vint à la rencontre du pape.

Enfin, le vendredi, jour de la sixième férie, le pontife fit son entrée solennelle dans la cité des Interamnenses et fut conduit en grande pompe à la basilique de Saint-Valentin,[2] évêque et martyr, à la porte de laquelle le roi l'attendait entouré des grands de son royaume.

Là, furent faites des prières solennelles après lesquelles

---

(1) Terni.

(2) Saint Valentin, fait évêque de Terni par le pape Victor Ier, fut martyrisé au commencement du IIIe siècle, dans la Ve persécution générale, et subit la décollation par ordre du préfet Placidus. La ville de Terni s'appelait alors Interamne *(inter amnes)*, parce qu'elle forme une île entre deux bras du fleuve Nar.

Le voilà le bon pasteur! Il a quitté sa ville de Rome
pour venir sauver Ravenne! (P. 59.)

le roi reconduisit le pontife à un demi-mille de la ville et chacun rentra sous les tentes de son campement.

Le lendemain samedi, le pape Zacharie qui ne perdait pas de vue la mission qu'il s'était donnée, entra en une longue conférence avec le roi.

Dans un discours éloquent et plein de larmes, le pape conjura le roi des Lombards de mettre enfin un terme à des discordes qui avaient déjà coûté tant de sang, et d'inaugurer enfin une politique de paix.

Touché par ces pieuses remontrances et plein d'admiration pour la fermeté et la sagesse du pontife, Luitprand se rendit aux raisons du pape et consentit à restituer les villes et les territoires dont il s'était emparé durant la guerre contre Trasimond.

Luitprand même ne voulut pas être en reste de générosité. Non seulement il ratifia par une charte solennelle cet acte de restitution,[1] mais il y ajouta la donation des territoires de Narni, Osimo, Ancône, Nomana et la « grande Vallée, » près de Sutri, dont il céda la propriété au bienheureux Pierre, prince des apôtres.

De plus, il rendit tous les prisonniers de guerre appartenant au duché romain et étendit cette faveur aux captifs originaires de Ravenne, entre autres, aux consuls Léon, Sergius et Agnellus, qu'il remit entre les mains du pape Zacharie.

Pendant qu'il était à Terni, sur la demande de Luitprand, le pape sacra dans la basilique de Saint-Valentin un évêque pour remplacer le titulaire de ce siège, Constantin, qui venait de mourir.

Le roi et toute sa noblesse assistèrent à cette cérémonie dans laquelle Zacharie prononça un si émouvant discours, que l'illustre assemblée ne put contenir ses larmes.

---

(1) Cet acte fut passé quelque temps après dans la chapelle du Sauveur à la basilique vaticane.

Un festin avait été préparé par les ordres du pape qui invita Luitprand à venir s'y asseoir.

Au commencement du repas, le pontife donna solennellement la bénédiction apostolique.

Le soir, le roi dit au pape :

— Seigneur père, voilà une journée heureuse, la plus heureuse de ma vie.

Le lendemain lundi, le pontife prit congé du roi qui chargea son neveu Aldeprand, duc de Clusium, le comte de Toscane, Raming, et Grimoald, d'accompagner le pape pour lui servir d'escorte et remettre entre ses mains les villes d'Ameria, d'Orta et de Polimarzo, situées sur les frontières romaines.

De là on se dirigea par le territoire de Sutri sur les frontières lombardes et toscanes, près de Viterbe, où se trouve la ville de Bléra, dont le comte Raming et Grimoald firent également au pape la remise officielle.

Enfin, le pontife pacifiquement victorieux et glorieux, se dirigea vers la ville éternelle.

A son approche, toute la population de Rome se porta à sa rencontre en chantant des cantiques d'actions de grâces.

Zacharie bénit avec émotion son peuple reconnaissant et fidèle, qui conduisit processionnellement son pasteur au chant des litanies, depuis l'église Sainte-Marie-des-Martyrs [1] jusqu'à la basilique du bienheureux Pierre.

Une année se passa et, soudain, la guerre se ralluma sur un autre point.

Le roi Luitprand n'avait pas conclu de traité de paix avec l'exarque de Ravenne et il se mit en campagne pour assiéger cette ville.

---

(1) Le Panthéon, ainsi nommé depuis sa consécration au culte chrétien sous ce vocable, après qu'un pape y eut fait transporter par chariots un grand nombre d'ossements des catacombes.

Epouvantés des maux qui allaient fondre sur eux, l'exarque Eutychius et l'archevêque Jean de Ravenne envoyèrent aussitôt une ambassade au saint pontife Zacharie pour le supplier d'intervenir afin de les sauver.

Le pape, sans tarder, envoya à Luitprand une légation composée de l'évêque Bénédictus et du primicier des notaires, Ambrosius, afin d'offrir au roi de riches présents et de le détourner de son entreprise.

Mais ils revinrent découragés sans avoir pu vaincre l'obstination du roi des Lombards.

Le pape, alors, n'hésita pas; armé de son inébranlable confiance en Dieu, il se mit en voyage, comme le bon pasteur qui laisse le gros de son troupeau pour courir dans les montagnes, afin d'arracher à la gueule du loup la brebis égarée et en péril.

En l'absence du pontife, le duc Etienne fut chargé de veiller à la sécurité de Rome.[1]

En partant, Zacharie se recommanda lui-même ainsi que les prêtres et les clercs qui devaient l'accompagner, au bienheureux Pierre, prince des apôtres.

L'exarque de Ravenne vint recevoir le pontife à cinquante milles de la ville, en la cité d'Aquilée et dans la basilique du bienheureux Christophe.

Une multitude immense s'était portée, pleine d'enthousiasme, au devant du pontife, et, prosternée sur son passage, elle chantait au milieu de ses larmes des actions de grâces au Seigneur et toutes les voix disaient :

— Le voilà le bon pasteur! Il a quitté sa ville de Rome pour venir sauver Ravenne!

En ce même jour, les habitants de Pavie, capitale du roi

---

(1) Ces paroles du *Liber Pontificalis* indiquent bien quelle part active les papes d'alors avaient dans le gouvernement politique et administratif du duché de Rome. Il semble que les ducs n'étaient en quelque sorte que leurs premiers officiers.

des Lombards, étaient témoins d'un éclatant prodige. Dans les airs apparaissaient des armées vêtues de cuirasses et de boucliers étincelants comme des flammes.

Zacharie envoya de Ravenne à Pavie, le prêtre Etienne et le primicier des notaires, Ambroise, informer le roi de son arrivée.

Mais ils furent arrêtés à Imola par les magistrats qui ne leur permirent pas de continuer leur route.

Cependant, les deux légats réussirent à prévenir le pape de cet empêchement en lui envoyant secrètement un courrier.

Zacharie n'hésita pas; sans perdre un instant, il quitta Ravenne, accourut à Imola et fit mettre ses légats en liberté en leur ordonnant de continuer leur voyage vers Pavie, afin d'annoncer sa prochaine arrivée au roi des Lombards.

Ce fut alors Luitprand qui refusa de les recevoir.

Cependant, le 28 juin,[1] veille de la fête des bienheureux apôtres Pierre et Paul, le pontife arrivait lui-même sur la rive droite du Pô.

Les grands de la cour lombarde l'attendaient. Il franchit le fleuve avec eux et, à l'heure de none, arriva à la basilique du Ciel-d'Or pour célébrer la messe de la vigile des bienheureux apôtres.

Puis il fit son entrée solennelle dans Pavie.

Le lendemain, fête du prince des apôtres, invité par Luitprand, le pape retourna à la basilique du Ciel-d'Or et célébra solennellement la messe après laquelle, ayant pris un repas avec le roi, ils revinrent ensemble à Pavie.

Le lendemain, les *optimates* du roi des Lombards vinrent inviter le pontife à se rendre au palais où il fut reçu avec une grande magnificence. Luitprand entra alors en conférence avec Zacharie qui le supplia de renoncer à ses projets

(1) 743.

sur la Pentapole, de restituer les villes dont il s'était déjà emparé, notamment la forteresse de Céséna.

—Vous répugne-t-il, dit le pontife, de les remettre directement à l'exarque de Ravenne, je serai votre intermédiaire.

D'abord inflexible, le roi peu à peu se laissa toucher et consentit à rétablir les frontières de Ravenne dans leur ancien état. Un traité fut rédigé pour être envoyé à Constantinople, afin que l'empereur le ratifiât, et il fut convenu qu'en attendant la signature impériale, le roi retiendrait un tiers du territoire de Céséna et le remettrait ensuite.

Le lendemain, le pontife quittait Pavie accompagné par Luitprand jusqu'à la rive gauche du Pô.

Ce fut ainsi que la miséricorde divine et le dévouement du pape sauvèrent Ravenne et la Pentapole de l'oppression qui les menaçait.

Le pontife, de retour à Rome, célébra de nouveau dans la basilique vaticane, au milieu de son peuple, la fête des bienheureux Pierre et Paul, conjurant avec ferveur la clémence divine de préserver à l'avenir le peuple de Rome et celui de Ravenne contre la violence et la perfidie lombardes.

Quelque temps après Luitprand mourait, laissant le trône à Heldebrand, son neveu, que le peuple détestait pour ses mauvaises mœurs et détrôna pour mettre à sa place le sage et pacifique duc de Frioul, Ratchis,[1] qui fut accueilli par la joie universelle à Pavie, à Ravenne et à Rome même.

Le saint pontife lui envoya une solennelle ambassade et un traité fut conclu entre lui et les Romains pour une paix qui devait durer vingt ans.[2]

Le farouche iconoclaste, le vicieux et hérétique Constantin Copronyme était alors empereur d'Orient.

(1) En 744.
(2) Le *Liber Pontificalis.*

*
* *

Cette première partie, trop brièvement traitée pour l'amplitude du sujet, nous montre comment le cours des événements portait insensiblement les papes sur les marches d'un trône temporel.

Dès Constantin, le siège de l'empire transféré de Rome à Constantinople ; après lui les Césars de Byzance incapables de gouverner tout seuls l'Orient et l'Occident, laissant l'Italie et le reste de l'Occident à des collègues plus ou moins dignes et plus ou moins heureux, au milieu des conflits, des invasions et des révolutions, tandis que le pape resté seul à Rome est tour à tour victime de chacun et médiateur entre tous.

Enfin, à l'époque où nous sommes, le duché romain, quoique sous l'obédience de Ravenne et de Constantinople, est presque autonome et il compte de vastes territoires qui, par donations impériales et royales, appartiennent aux papes qui s'efforcent de maintenir toujours pacifiquement leurs droits et ne songent qu'à la dernière extrémité à invoquer le secours des armées étrangères.

Mais le fait qui domine, c'est la part active et efficace que prennent les papes aux affaires politiques de l'Italie, l'amour des peuples latins pour eux, la confiance qu'ils ont dans leur médiation et le succès qui couronne les généreux efforts des pontifes contre les princes envahisseurs et spoliateurs.

Administrateurs habiles du patrimoine de saint Pierre, vaillants et courageux protecteurs de Rome et de l'Italie contre la férocité des barbares qui se partageaient les territoires de l'empire, l'illustre Léon le Grand et le magnanime Grégoire le Grand avaient en quelque sorte posé les véritables fondements du pouvoir temporel des papes, en un temps où le monde secoué d'atroces convulsions voyait son sol remué par les invasions, enfanter des royaumes nouveaux et imprévus et, ailleurs, Mahomet lever contre le Christ l'étendard fanatique du croissant.

Maintenant, il semblait que la mesure des souffrances de l'Italie abandonnée à tous les maux, écrasée d'impôts, persécutée dans ses croyances catholiques, était comble. Les papes seuls trouvaient encore que le devoir de l'obéissance envers les souverains n'avait pas cessé d'exister et que les conseils et les ordres des apôtres Pierre et Paul, sur la soumission aux puissances, devaient toujours être respectés.

Mais le temps arrive toujours, un peu plus tard un peu plus tôt, où les peuples opprimés se souviennent qu'ils ont droit à la vie et au bonheur et que ce droit se traduit pour eux dans la faculté de changer de maître.

Encore un peu de temps et la force des choses et les vœux les plus ardents de l'Italie vont saluer le pape comme un roi légitime, et inaugurer librement l'ère du pouvoir temporel en couronnant ceux qui se sont toujours montrés pour elle de vrais pères et de véritables sauveurs.

DEUXIÈME PARTIE

I

BONIFACE ET STRUMIUS.

Boniface était alors l'apôtre de la Germanie.[1] Envoyé en 778 au pape Grégoire II par son évêque Daniel de Winchester, il avait reçu du pontife les pouvoirs apostoliques les plus étendus pour le succès de sa mission.

Charles Martel l'avait reçu avec honneur et pris sous sa sauvegarde par un acte authentique qui est un des plus glorieux monuments de la chancellerie des ducs d'Austrasie.

Ce parchemin était conçu en ces termes :

« Aux seigneurs saints et apostoliques les évêques, nos pères dans le Christ, aux ducs, comtes, *vicarii*, *domestici*, à tous nos agents et à tous nos alliés; Charles, homme illustre, maire du palais, votre ami ;

» Sachez que l'homme apostolique, notre père dans le Christ, l'évêque Boniface est venu vers nous et nous a demandé de le placer sous notre sauvegarde, ce que nous lui avons octroyé de grand cœur.

(1) Voir le vol. *L'Ermite de Nuchtel*.

» Nous avons voulu lui en faire délivrer un acte authentique confirmé par notre signature, afin qu'en quelque lieu qu'il passe, avec votre affection et sous notre sauvegarde, il ne soit en aucune sorte inquiété, mais qu'il puisse rendre justice, la faire et la recevoir.

» S'il vient à se trouver dans quelqu'altercation ou nécessité, dont le cas ne serait pas prévu et défini par la loi, il devra être laissé libre et paisible, lui et tous ceux qui se réclameront de son patronage, jusqu'à ce qu'il ait pu se constituer en notre présence où la cause sera entendue.

» Que nul ne soit assez téméraire pour exercer contre lui aucune vexation ni dommage; que toujours et partout notre sauf-conduit lui assure la paix et la sécurité.

» En témoignage de quoi nous avons souscrit ces lettres de notre propre main et nous les avons scellées de notre anneau.[1] »

Malgré les immenses difficultés qu'il avait à surmonter chez ces barbares encore plongés dans la plus ténébreuse idolâtrie, avec l'aide du Ciel et la protection du duc d'Austrasie, Boniface parvint à faire de si riches semailles évangéliques que bientôt les ouvriers vinrent à manquer et qu'il fit appel aux prêtres et aux religieux de la Grande-Bretagne.

Sa voix fut entendue et ils accoururent en foule, et, au milieu de ces champs nouveaux dont la riche moisson blanchissait, les églises et les monastères s'élevaient en grand nombre.

Boniface accomplissait en Germanie ce qu'Anselme avait fait en Italie.

Un jour, un prêtre de la nation des Bajoarii,[2] qui, depuis trois ans exerçait le ministère sacerdotal vint trouver Boniface.

(1) Charles-Martel; *Patrol. lat.*, t. LXXXIX.
(2) Bavarois.

Strumius, tel était le nom de ce prêtre, dit à l'apôtre :

— Père vénéré, depuis trois ans j'ai prêché la parole de Dieu aux hommes de ma patrie, mais je suis poussé par l'Esprit-Saint à embrasser une vie plus parfaite, et je désire vivre désormais loin du monde et achever mes jours au désert.

— Le Ciel m'a donc exaucé, mon cher fils, répondit Boniface, je vous attendais pour mettre à exécution le projet que j'ai formé depuis longtemps d'établir en ces régions un grand monastère central qui sera comme le boulevard de la foi et de la civilisation en Germanie.

« J'en ai déjà choisi, dans mon esprit, le lieu favorable. Il faut qu'il s'élève dans la vaste forêt de Bochonia[1] entre les pays des Bavarois, des Franconiens, de la Thuringe et de la Hesse. Déjà la foi a été prêchée et elle germe en ces régions, ce monastère sera comme un avant-poste de l'Evangile en face des idolâtres du nord. »

Et, ayant fait venir deux clercs il les donna pour compagnons à Strumius en lui disant :

— Je vous bénis, au nom du Père, du Fils et du Saint-Esprit, allez tous trois, à travers cette vaste forêt, et cherchez-y un emplacement convenable pour un monastère, le Seigneur guidera vos pas.

Strumius et ses deux compagnons se mirent en route. Ils s'enfoncèrent dans les profondeurs de la sombre forêt. Bientôt ils furent comme submergés dans cet océan de feuillage à travers lequel, le plus souvent, il leur fallait se frayer un passage à force de bras et à coups de hâche.

Ils n'entendaient d'autres bruits que la houle mugissante des feuilles sur lesquelles passait le souffle des vents irrités ou plaintifs, et le rugissement des bêtes sauvages. Leurs yeux ne voyaient qu'un horizon d'arbres de toutes essences et de toutes tailles, un parterre de mousses ou de ronces et un

(1) Buchaw.

dôme de verdure par les interstices duquel apparaissait par-
fois un coin du ciel.

Après avoir marché trois jours ils s'arrêtèrent en un lieu [1]
qui leur parut agréable et bien situé.

Là ils se prosternèrent et rendirent grâces au Christ en le
priant de continuer à les guider dans la voie de la paix.

Alors, élevant la voix, Strumius dit à ses compagnons :

— S'il plaît au Seigneur, c'est ici, mes frères, que nous
établirons notre demeure pour sa gloire. Mettons-nous à
l'œuvre.

Avec ardeur, ils se mirent à abattre des arbres, à les
ébrancher, à les équarrir et à en confectionner des pièces de
charpente destinées à leur construire un abri solide.

Puis, ils défrichèrent un petit espace de terrain et, bientôt s'élevèrent là trois petites cabanes couvertes d'écorces
d'arbres où les trois solitaires se retirèrent pour prier et se
reposer dans le temps qu'ils ne consacraient pas à la culture
de leur petit domaine et à la recherche des fruits sauvages et
des racines destinées à alimenter leur vie.

Depuis assez longtemps déjà, ils habitaient ce lieu, servant Dieu dans les veilles saintes, le jeûne et la prière lorsque
Strumius dit un matin à ses deux compagnons :

— Mes frères, restez ici, quant à moi je vais retourner
d'où nous sommes venus afin d'aller rendre compte à notre
père Boniface de ce que nous avons fait et du lieu que nous
avons choisi pour y fonder notre monastère.

Alors, il leur donna le baiser de paix et ayant pris une
petite provision de pain cuit sous la cendre, une gourde avec
de l'eau et une serpe, il partit appuyé sur un noueux bâton
de voyage.

Boniface le reçut avec joie et voulut le garder quelques
jours sous son toit afin d'entendre exactement de sa bouche

---

(1) Nommé depuis Hersfeld, où se trouve maintenant un monastère.

le récit de leurs actes et la description du lieu qu'ils avaient
choisi pour leur établissement.

Quand l'évêque eut tout appris et tout pesé sagement il
dit à Strumius :

— Mon frère, la partie de la forêt que vous occupez n'est
pas celle qui vous est destinée par la Providence. Ce lieu est
trop rapproché des féroces Saxons et je redoute pour vous le
voisinage de ces barbares idolâtres. Retournez donc près de
vos frères, mettez-vous de nouveau en route avec eux et
cherchez un emplacement plus favorable et que vous puissiez
habiter sans péril.

Strumius prit congé de l'évêque; il revint par les mêmes
chemins près de ses compagnons, et, cette fois, montés sur
une barque qu'ils se confectionnèrent avec un immense tronc
d'arbre, ils explorèrent les rives de la Fulda, s'arrêtant à
l'embouchure des torrents et des fontaines et considérant soigneusement la topographie des collines et des vallées.

Ils arrivèrent ainsi au confluent du Luder[1] et considé-
rèrent le site qui s'offrait à leurs regards.

— Ce lieu, dit Strumius, présente des avantages et des
inconvénients. Certes, on peut désirer un terrain plus favorable. Mais quoi! n'est-ce pas tenter la Providence que de
se montrer si difficiles? Prenons ce que Dieu nous envoie. La
bonté du Seigneur fera le reste.

Ils se mirent donc à l'œuvre de nouveau, organisèrent là
encore une installation sommaire et, Strumius comme il
l'avait fait précédemment, les quitta pour aller rendre compte
à Boniface du résultat de leurs recherches.

Boniface, à son récit, secoua la tête.

— Ce lieu ne vous est pas destiné, dit-il, cherchez encore;
Dieu vous a réservé un héritage dans cette solitude et l'a
disposé lui-même pour vous. Quand l'heure sera venue, le

---

(1) Ce lieu s'appelle aujourd'hui Rohenbach.

Christ le fera connaître à ses serviteurs ; ne cessez pas de le chercher, sachez que sans aucun doute, vous le trouverez.

Strumius retourna donc au lieu d'où il venait, prit quelques jours de repos et ayant sellé un âne partit seul, muni d'un viatique, à la recherche du lieu de la promesse.

Confiant dans le Christ qui est la voie, la vérité et la vie, il se mit à parcourir les vastes espaces de la forêt sauvage.

Pour rompre la solitude de ses longues heures, il chantait des psaumes, tout en examinant en détail, explorateur attentif, les monts, les plaines, les collines, les vallées, les fontaines, les torrents, les rivières.

Il ne se reposait que la nuit, alors que les ténèbres lui barraient impitoyablement la route.

Strumius commençait alors par songer à la sécurité de son fidèle compagnon, l'âne qui le portait et partageait ses fatigues.

A l'aide de la serpe qu'il portait et dont la règle de saint Benoît défendait à ses moines de se séparer jamais, il coupait des branches et en formait une haie circulaire au centre de laquelle il plaçait l'âne pour le protéger contre les bêtes fauves ; quant à lui, il dormait tranquille et sans autre défense que le signe de la croix qu'il imprimait sur son front avant de se livrer au repos.

Un jour, Strumius se trouva tout à coup devant une vaste éclaircie de forêt et au milieu de cris humains, chose rare en ces parages.

Il était tombé sur la grande route qui côtoyait les bords de la Fulda et que suivaient les caravanes de marchands qui se rendaient de Thuringe à Mayence.

Une troupe de Slaves étaient arrêtés en ce lieu et, comme la chaleur était grande, ils se baignaient dans le fleuve sans aucun vêtement, à la façon des barbares.

A la vue du moine et de sa monture, ils manifestèrent une hilarité bruyante et se demandèrent entre eux en leur langage s'il ne serait pas bien amusant de le mettre à mort.

L'un d'eux s'approcha et demanda à Strumius où il allait.

— Je vais dans la partie supérieure de la forêt, répondit le moine qui, ayant deviné leur dessein ne s'était pas arrêté.

Le Seigneur veillait sur son serviteur et ces barbares le laissèrent aller.

Strumius continua sa route sans plus rencontrer d'êtres vivants que les bêtes sauvages et les oiseaux du ciel.

Le quatrième jour de son voyage, il arriva au confluent du Gisel et de la rivière Fulda. Il remonta ce premier fleuve en suivant ses rives et comme le soleil déjà rouge s'inclinait derrière l'horizon des bois, il s'arrêta près d'un sentier qu'on nommait Ortesweck.

Là, l'homme de Dieu établit pour lui et pour son âne son campement pour la nuit.

Il venait à peine de l'achever qu'un bruit insolite venant du côté du fleuve attira son attention. Il se prit à écouter anxieusement se demandant et cherchant à définir ce qu'il entendait. Etait-ce un homme ou une bête fauve qui traversait la rivière? En tout cas, il percevait bien le bruit de l'eau agitée par un être vivant qui nageait.

Strumius ne voulut pas se hasarder à élever la voix, mais, du revers de sa serpe il frappa vigoureusement un tronc d'arbre creux afin d'effrayer les bêtes fauves s'il s'agissait d'un animal féroce.

Une voix d'homme se fit entendre en une amicale salutation et bientôt un cavalier était devant lui. C'était le bruit du cheval traversant la rivière que Strumius avait entendu.

— Soyez le bienvenu, dit le moine au nouvel arrivant, et que la paix du Christ soit en vous. D'où venez-vous?

— Je viens de Wedereiba[1] dit l'étranger et je vais à Grapfelt ramener ce cheval à mon maître Orcis; j'ai encore

(1) Wetterau.

une assez longue route à faire et, quoique je connaisse fort bien cette contrée et ces bois, si vous le permettez je me reposerai volontiers ici, pendant cette nuit en votre compagnie.

— Dieu vous envoie, dit le solitaire voyageur et je l'en remercie, votre connaissance de ces pays me sera d'un précieux secours.

L'étranger se mit alors en devoir d'exposer à l'homme de Dieu tous les détails de la topographie forestière de Bochonia. Il lui indiqua le nom des localités, le cours des torrents et des sources et ayant appris de lui qu'il cherchait un endroit pour y fonder un monastère, lui décrivit complaisamment et avec détails tous les sites qui pouvaient le mieux lui convenir.

Le soleil se leva et, après s'être donné le baiser de paix, les deux hommes se séparèrent; l'étranger prit le chemin de Grapfelt, et l'ermite, revenant sur ses pas, suivant les indications de son hôte ne tarda pas à découvrir un site délicieux dont il n'eut pas soupçonné l'existence dans le voisinage sans cette heureuse et providentielle rencontre. C'était bien là le lieu béni et disposé par la Providence pour le monastère.

A la vue de cette vallée enchanteresse, favorisée par toutes les prévoyances de la nature, Strumius éprouva une grande joie et bénit Dieu et Boniface d'une si heureuse découverte.

Pendant un jour entier il parcourut en tous sens ces lieux fortunés, gravant dans sa mémoire tous leurs avantages et escomptant d'avance, comme un véritable architecte, le parti que l'on pourrait en tirer. Puis il bénit ce lieu, le marqua d'un signe et revint auprès de Boniface pour lui annoncer cet heureux événement.[1]

Boniface, à cette nouvelle, rendit grâces à Dieu et s'écria tout joyeux cette fois :

— Voilà bien le lieu que la Providence nous avait destiné.

____

(1) S. Eigil, *Vie de S. Strumius*, iv-x, *Patr. lat.*, t. cv.

Aussitôt, il se préoccupa d'en obtenir la concession, car la forêt de Bochonia appartenait, pour la plus grande partie, aux domaines de Carloman, duc d'Austrasie.

Il alla donc trouver le prince et lui dit :

— J'ai l'intention avec l'aide de Dieu et votre concours, d'établir un monastère dans la partie orientale de vos États. Nous avons trouvé dans la forêt un lieu propre à être habité par une colonie monastique; cette terre vous appartient, aussi, nous supplions votre piété de nous la concéder afin que nous puissions y servir le Seigneur.

Aussitôt, Carloman répondit :

— Seigneur évêque, je fais don au Seigneur, sans réserve et sans exception de tout ce qui m'appartient au lieu dont vous parlez et j'étends cette concession à quatre milles de circuit au midi et au nord, à l'Orient et à l'Occident.

Ayant fait cette concession, Carloman en fit rédiger la charte qu'il signa et scella de son sceau, et, désireux d'imiter leur prince, les nobles hommes du pays de Grapfelt ajoutèrent à ses libéralités des concessions sur des terrains qu'ils possédaient dans le voisinage.

Enfin, l'an de l'incarnation du Christ 744 sous le règne des deux princes francs Carloman et Pépin le douzième jour du premier mois,[1] Strumius, accompagné de sept religieux prit possession du lieu béni, au chant des hymnes et des psaumes.

Aussitôt commença le travail de défrichement et d'appropriation des lieux sous la règle bénédictine de la psalmodie, des veilles saintes, des oraisons et du jeûne.

Deux mois après, Boniface accompagné d'un grand nombre de disciples et de serviteurs, venait visiter ce champ de bénédiction et de travail.

« Pendant que ceux-ci[2] aidaient les frères à déraciner les

____

(1) Le mois de mars.

(2) Ozanâm, *La civilisation chrétienne chez les Francs.*

arbres, à balayer les ronces et les broussailles, l'archevêque ravi, bénissait Dieu d'avoir préparé un tel séjour à ses serviteurs. En effet, il aimait cette solitude et il y revint souvent; il s'y plaisait à instruire les moines, à leur interpréter les Ecritures, à leur donner l'exemple de l'austérité et du travail. »

Strumius, de son côté, partit au Mont-Cassin en compagnie de deux frères, pour y étudier la vie religieuse et la pratique de la règle bénédictine sous la direction du bienheureux Petronax, le restaurateur de la célèbre abbaye.

Il revint ensuite à Fulda modeler la vie de son monastère sur celle de la grande maison de Saint-Benoît.

Bientôt, le monastère fut un centre florissant; à la place des anciens déserts boisés et sauvages s'étendirent des champs cultivés, des jardins, des vergers, des pâturages, furent creusés des étangs abondants en poissons.

Le moustier devint une pépinière d'agriculteurs qui devaient coloniser la Thuringe et la Bavière sur les deux rives du Rhin et du Mein.

Quelques années après, Boniface sollicitait du pape Zacharie le privilège de l'immunité apostolique pour le nouveau monastère, en ces termes :

« Il y a un site sauvage au plus profond d'une forêt immense, au milieu des peuples de ma mission. Là, j'ai établi des religieux qui vivent sous la règle du saint patriarche Benoît, dans la stricte abstinence de chair, de vin, de bière même, se contentant pour leur frugale nourriture des fruits de leur travail. Le terrain me fut concédé par Carloman, alors prince des Francs. J'ai dédié le monastère sous le vocable du Saint-Sauveur. C'est là que, si votre piété y consent, j'ai résolu de donner un repos de quelques jours à mon corps brisé par la vieillesse et de choisir ma sépulture.[1] »

Le pape accorda le privilège qui inaugura la grandeur de

---

(1) S. Boniface, *Ep. CXXV, Patr. lat.*

ce Mont-Cassin de la Germanie, par lequel fut réalisé l'idéal des colonies monastiques et qui devait porter dans l'Allemagne centrale la lumière de la foi et de la civilisation.[1]

Mais le vœu de Boniface ne devait être qu'à demi rempli. Le grand évangélisateur de la Germanie devait bien venir dormir son dernier sommeil à Fulda, mais comme un apôtre, il devait tomber au champ d'honneur de l'Evangile et répandre son sang pour la foi.

Boniface avait réglé ses affaires temporelles et s'était choisi un successeur dans la personne de son disciple Lull à qui il dit :

— Je vais me mettre en route pour ma dernière mission, car le temps de ma délivrance est proche. Vous, très cher fils, terminez la construction des églises que j'ai commencées en Thuringe. Achevez la basilique de Fulda. C'est dans cette dernière que vous ferez transporter et ensevelir mon corps usé par le cours de tant d'années.[2]

En entendant ces paroles, Lull fondit en larmes et sa douleur fut telle que Boniface fut obligé de le consoler.

Il régla les affaires de son vaste diocèse, installa Lull avec le consentement du roi Pépin, en présence des évêques, des abbés et des seigneurs francs, puis il partit pour sa dernière mission apostolique accompagné des prêtres Eoban, Wintrung, Walther, Œthelter, des diacres Hamund, Scirbald et Bosa, et des moines Waccar, Gundœcker, Illeher et Hatowulf, plus une suite considérable de serviteurs chargés de tout ce qui était nécessaire à cette expédition.[3]

Il se dirigeait vers la Frise, païenne encore, pour y commencer ses prédications.

« Un jour, le 5 juin 755, le pavillon de l'archevêque

(1) Darras, *Hist. de l'Eglise.*
(2) S. Boniface, *Ep. XCI, Patr. lat.*
(3) Otholon et Willibald, *Vie de S. Boniface, Patr. lat.*

avait été dressé près de Dockum, au bord de la Burda, qui sépare les deux Frises orientale et occidentale.

» L'autel était prêt et les vases sacrés disposés pour le sacrifice, car une grande foule était convoquée pour recevoir l'imposition des mains.

» Au lever du soleil, une grande multitude de barbares, armés de lances et de boucliers, parut dans la plaine et vint fondre sur le camp.

» Les serviteurs coururent aux armes, se préparant à défendre leur maître.

» Mais l'homme de Dieu, au premier tumulte de l'attaque, sortit de sa tente, entouré de ses clercs et portant de saintes reliques qui ne le quittaient pas.

» — Cessez ce combat, mes enfants, leur dit-il; souvenez-vous que l'Ecriture nous apprend à rendre le bien pour le mal. Ce jour est celui que j'ai désiré longtemps; voici donc venue l'heure de la délivrance. Soyez forts dans le Seigneur, espérez en lui et il sauvera vos âmes!

» Puis, se retournant vers les prêtres, les diacres et les clercs, il leur dit ces paroles :

» — Frères, soyez fermes et ne craignez point ceux qui ne peuvent rien sur l'âme; mais réjouissez-vous en Dieu qui vous prépare une demeure dans la cité des anges. Ne regrettez pas les vaines joies de ce monde, traversez intrépidement ce court passage de la mort qui mène au royaume éternel.

» Aussitôt, une bande furieuse de barbares les enveloppa, égorgea les serviteurs de Dieu et se précipita dans les tentes.

» Au lieu d'or et d'argent, ils n'y trouvèrent que des reliques, des livres et le vin réservé pour le saint Sacrifice.

» Irrités de la stérilité du pillage, ils s'enivrèrent, se querellèrent et se tuèrent.

» Les chrétiens, se levant en armes de toutes parts, exterminèrent alors ce qui était resté de ces misérables.

» Le corps de Boniface fut retrouvé. Auprès de lui était

un livre mutilé par le fer, taché de sang, et qui semblait
tombé de ses mains défaillantes. Il contenait plusieurs opus-
cules des pères, entre lesquels un écrit de saint Ambroise
intitulé : *Du bienfait de la mort.*[1] »

Les restes vénérables de Boniface furent recueillis par
Luidger, évêque d'Utrecht, et transportés à Fulda selon le
vœu suprême du martyr que l'Allemagne devait regarder
comme son bienfaiteur et l'Eglise comme l'un de ses plus
grands hommes et de ses plus grands saints.

(1) Ozanam, *La civilisation chrétienne chez les Francs.*

II

CARLOMAN ET PÉPIN.

Ces choses se passaient en Gaule au temps où la dynastie
mérovingienne épuisée et sans vie allait disparaître à jamais,
avec Childéric III, dans le silence éternel de la mort devancé
par le silence du cloître, et faire place à une race nouvelle de
rois forte et vigoureuse après laquelle soupiraient les peuples
troublés.

La Providence travaillait ainsi en secret à la délivrance
de l'Eglise et, depuis un demi-siècle, préparait la France à
inaugurer sa glorieuse destinée de fille aînée du Christ.

La race carlovingienne était à son aurore, mais déjà
puissante par ses actes de bravoure et ses conquêtes. Elle
s'élevait de la fusion de deux populations d'origine différente
qui habitaient les Gaules, un peuple d'origine militaire vivant
sous le régime de la loi salique, et le peuple gallo-romain
vivant sous le régime des lois théodosiennes. Les Carlovingiens descendaient, par les hommes, de la race gallo-romaine
et, par les femmes, de la race mélangée des Francs.[1]

Le prestige de Charles Martel était déjà grand et son

(1) *Encyclopédie du XIXe siècle*, t. VIII

influence prépondérante, puisque nous avons vu le roi des Lombards, Luitprand, s'incliner devant son intervention, lorsque le pape Grégoire III avait sollicité son appui contre les envahisseurs de l'Italie.

La révolution, qui allait faire passer la couronne, de la race mérovingienne épuisée à la race vigoureuse et jeune des carlovingiens, était déjà faite dans la pensée de tous.

Si l'on tient compte du caractère électif de la monarchie chez les Francs, on ne saurait, comme l'ont fait quelques historiens, traiter d'usurpation l'avènement de Pépin au trône.[1]

Le duc d'Austrasie, maire du palais, Charles-Martel, avait de nombreux enfants, et cette abondante postérité dont l'aîné n'avait guère que vingt-deux ans, était un danger réel pour la paix.

Des haines puissantes, en effet, longtemps contenues par la main de fer du duc Charles, n'attendaient que sa mort pour éclater.

De sa première femme, Rotrudis, morte en 724, le duc d'Austrasie avait eu deux fils, Carloman et Pépin dit le Bref, à cause de sa petite taille, plus une fille, nommée Hadeloga, qui prit le voile à Kitzingen.

De sa seconde femme, Sonnichildis, nièce de Grimoald, duc de Bavière, lui était né un fils que saint Leutfred avait guéri d'une fièvre pernicieuse. C'était Grypho.

Mais Charles-Martel, outre ces quatre enfants, en avait quatre autres.

---

(1) « Traiter d'usurpation l'avènement de Pépin à la couronne, dit Chateaubriand *(Etudes historiques)*, c'est un de ces vieux mensonges historiques qui deviennent des vérités à force d'être redits ; il n'y a pas usurpation là où la monarchie est élective, c'est l'hérédité qui, dans ce cas, est une usurpation. Pépin fut élu de l'avis et du consentement unanime de tous les Francs ; ce sont les paroles du premier continuateur de Frédégaire. Le pape Zacharie, consulté par Pépin, eut raison de répondre : « Il me paraît bon et utile que celui-là soit roi qui, sans en avoir le nom en a la puissance, de préférence à celui qui, portant le nom de roi, n'en garde pas l'autorité. »

C'étaient Remédius qui devint un saint évêque de Rouen; le comte Bernard, dont les deux fils s'illustrèrent successivement comme abbés de Corbie; Hiéronyme, qui eut aussi deux fils, dont l'un, Fulrad, fut abbé de Saint-Quentin, et l'autre, Folcuin, évêque de Térouanne; enfin une fille Hiltrudis, qui épousa Odilo, duc de Bavière, et fut mère du duc Tassilo.

Dès que les caveaux de Saint-Denys se furent refermés sur la dépouille mortelle du redoutable duc d'Austrasie, l'insurrection éclata de toutes parts, comme par un mot d'ordre répandu dans toute la Germanie, la Bourgogne et l'Aquitaine.

Avant de mourir, Charles avait lui-même partagé les états qu'il administrait, comme prince des Francs.

Il avait donné à Carloman le duché d'Austrasie avec les provinces transrhénanes, la Souabe et la Thuringe; Pépin avait reçu en partage la Neustrie, la Bourgogne et la Provence. Quant au jeune Grypho, alors âgé de quinze ans, il avait été oublié.

Mais Sonnechildis déclara qu'à son lit de mort, son époux avait voulu réparer cette injustice en constituant à Grypho un apanage enclavé dans les territoires de Carloman et de Pépin.

Ces deux princes nièrent cet arrangement, assiégèrent la ville de Laon où Sonnechildis et son fils s'étaient retirés, les firent prisonniers et reléguèrent leur belle-mère dans un cloître et Grypho dans la forteresse de Novum-Castrum.[1]

Ce fut alors qu'Hiltrudis s'enfuit en Bavière, épousa le duc Odilo et lui fit jurer de soutenir la cause de Grypho et de Sonnechildis contre Carloman et Pépin.

Odilo acquiesça d'autant plus volontiers qu'il était déjà allié avec Hunald, duc d'Aquitaine, qui incarnait alors les

____

(1) Probablement Neufchâtel, dans le grand duché du Luxembourg.

Depuis assez longtemps déjà, ils habitaient ce lieu, servant Dieu
dans le jeûne et la prière. (P. 68.)

ressentiments de la race mérovingienne expirante contre les ducs d'Austrasie, dont la fortune grandissait.

La Bourgogne, la Neustrie, la Gaule méridionale et la Germanie, étaient prêtes à défendre la cause mérovingienne franchement ou hypocritement et à secouer le joug des maires du palais.

Il fallait un réel génie aux deux frères pour tenir tête à cet orage. Ils l'eurent et se montrèrent à la hauteur des circonstances.

Willibrord, évêque d'Utrecht, avait baptisé Pépin et, comme il l'aidait à sortir des fonts du baptême, en le tenant par la main, il avait prophétisé son avenir, en disant :

— Cet enfant aura en partage le génie de ses pères et leur gloire; il sera plus grand que les ducs ses aïeux.

Ce fut au monastère de Saint-Denys que Pépin fut élevé et il se montra reconnaissant de l'éducation qu'il y avait reçue.

Quant à Carloman, son éducation première fut plus négligée,[1] mais Boniface devait lui inspirer une telle vénération que ce prince devait marcher plus tard dans les véritables voies de la perfection chrétienne.

Boniface, du reste, devait avoir une immense influence sur la politique des deux frères.

Carloman et Pépin comprirent que la violence et l'usurpation ne les serviraient point utilement; ils savaient aussi que le prestige du sang de Clovis était tel encore que les leudes francs ne consentiraient jamais à reconnaître d'autres princes que ceux de sa race.

Pépin et Carloman restaurèrent donc la monarchie mérovingienne dans la personne de Childéric III, fils de l'infortuné Chilpéric II, victime jadis de l'ambition de Charles-Martel, à l'héritier naturel duquel il avait substitué Thierry IV,

---

(1) A ce que nous apprennent, du moins, les actes de saint Boniface.

élevé au trône par ses soins avec toute la solennité coutumière aux Francs.

Comme Thierry IV et les autres rois de sa race, depuis que les maires du palais étaient tout puissants, Childéric III ne devait être qu'un roi nominal, étranger à l'administration de l'Etat et n'ayant d'autre fonction que de signer les actes publics.

Cette restauration fut donc de la part des deux frères un acte politique habile qui leur concilia beaucoup de sympathies.

Une autre mesure d'ordre religieux allait encore augmenter leur prestige et leur allier beaucoup d'esprits.

L'Eglise souffrait cruellement chez les Francs par suite de l'immixtion des intérêts séculiers dans les affaires ecclésiastiques. Les abus les plus scandaleux s'étalaient au grand jour au mépris des canons et de la discipline ecclésiastique la plus élémentaire. Le pape s'en était ému et avait chargé Boniface de négocier avec les princes francs la réforme radicale de l'ordre ecclésial en Gaule.

Boniface présenta donc à Carloman les rescrits pontificaux relatifs à la réformation de la discipline et à la reconstitution des églises.

Dans l'intérêt de son propre gouvernement, pour le bien général des peuples, il le conjura de mettre un terme à tant de désordres et de rendre à la religion son antique splendeur.

Carloman écouta attentivement Boniface. A mesure que l'illustre évêque parlait, il sentait la grâce émouvoir de plus en plus son âme.

A la fin, il s'écria :

— Seigneur évêque, vous m'avez convaincu, oui, j'emploierai toute ma puissance à faire revivre soit parmi les clercs, soit parmi les laïques, les règles des saints canons et celles de la justice. Par mes ordres, une assemblée synodale va être réunie afin de réformer les abus, de corriger les désordres et de rendre la paix à l'Eglise.[1]

Ainsi se réunit le premier concile germanique à la suite duquel Carloman rendit le capitulaire suivant, qui posait les bases de la régénération spirituelle de la Germanie et des Gaules :

« Au nom de Notre-Seigneur Jésus-Christ, moi, Carloman, duc et prince des Francs, l'an de l'Incarnation 742, le II des calendes de mai,[2] par le conseil des serviteurs de Dieu et de mes *Optimates*, j'ai réuni en Synode les évêques de mes états, savoir : l'archevêque Boniface, Burchard de Wurtzbourg, Ragenfred de Cologne, Witta de Burabourg, Willebald d'Eichstœtt, Eddo d'Argentoratum,[3] avec leurs prêtres, pour rétablir la loi de Dieu et la discipline ecclésiastique oubliées sous le dernier règne, travailler au salut du peuple chrétien et l'empêcher de se perdre sous la direction de faux pasteurs et de prêtres indignes.

» Nous avons ordonné des évêques pour chaque cité et constitué au-dessus d'eux l'archevêque Boniface, l'envoyé de saint Pierre. Un synode sera tenu chaque année en notre présence, afin de nous suggérer les décrets propres à maintenir l'autorité des canons, les droits de l'Eglise, les progrès de la religion chrétienne.

» Nous avons rendu et restitué aux églises les biens dont elles avaient été dépouillées.

» Le nom des prêtres, diacres et clercs scandaleux, a été rayé du registre des distributions diocésaines et ils ont été condamnés à subir la pénitence canonique.

» Nous interdisons absolument à tous ministres de Dieu de porter les armes, de combattre l'ennemi, de suivre l'armée

---

(1) Othlon, *Vie de S. Boniface*, ch. xxiii, *Patr. lat.*
(2) 30 avril.
(3) Strasbourg.

à moins qu'ils n'aient été choisis pour y célébrer les saints mystères, distribuer les sacrements et porter les reliques des saints protecteurs. Le prince se fera accompagner pour ce ministère d'un ou deux évêques et des prêtres ses chapelains, qui entendront la confession des soldats, les absoudront et leur donneront une pénitence.

» Nous interdisons de même aux ministres de Dieu la chasse dans les forêts avec chevaux, chiens, éperviers et faucons.

» Un prêtre sera établi en chaque paroisse, sous l'autorité de l'évêque. Tous les ans, au carême, il rendra compte à l'évêque de son administration, en ce qui concerne les sacrements, les progrès de la foi catholique, les prières, la célébration de la messe. Il recevra l'évêque quand celui-ci fera la visite paroissiale prescrite par les canons, pour donner le sacrement de confirmation; enfin, le jour de la Cène,[1] il viendra recevoir de ses mains le nouveau chrême.

» Aucun évêque ou prêtre inconnu ne sera admis à exercer les fonctions du ministère sans une attestation synodale.[2]

» En chaque localité, l'évêque, aidé du *Graphio*[3] qui est le défenseur né de l'Eglise, veillera à ce que le peuple de Dieu ne commette plus aucun acte de paganisme; il proscrira les sacrifices pour les morts, les sorciers ou devins, les phylactères et augures, les incantations, les hosties qu'une ridicule superstition immole encore près des églises avec des rites païens en l'honneur des martyrs et des confesseurs, les feux sacrilèges nommés *Nodfyr*, enfin toute pratique idolâtrique.

» Nous interdisons aux prêtres et aux diacres l'usage du

---

(1) Le Jeudi-Saint.

(2) Ce sont les anciennes « lettres de communion, » aujourd'hui, c'est le certificat nommé « *célébret*, » sans lequel un prêtre ne peut dire la messe dans une église régulière ou il n'est pas connu.

(3) Le comte. Le titre de Gral existe encore en Allemagne.

vêtement laïque nommé *saga*,[1] ils devront porter la *casula*[2] ainsi qu'il convient aux ministres du Seigneur. Les moines et les religieuses vivront sous la règle de saint Benoît. Enfin, des peines afflictives et infâmantes frapperont les prêtres et les clercs qui donneront du scandale.[3] »

Quelques jours après avoir signé ce capitulaire, Carloman rejoignit avec l'armée d'Austrasie son frère Pépin, pour réprimer l'insurrection de Hunald, duc d'Aquitaine et des Vascons.

Les deux frères traversèrent la Loire à Orléans, défirent Hunald et le poursuivirent jusqu'à la cité des Bituriges[4] dont ils brûlèrent les faubourgs; puis ils assiégèrent le castrum Lucca,[5] emportèrent la place, firent la garnison prisonnière et détruisirent la forteresse jusqu'aux fondements.

Ayant partagé le butin et les captifs, ils revinrent en Austrasie en automne, franchirent le Rhin et allèrent camper sur les bords du Danube.

Les Alamani, effrayés, se hâtèrent de donner des otages aux princes victorieux et de renouveler leur serment de fidélité.[6]

Pendant ce temps-là, l'épouse de Pépin, la pieuse Berthe, fille du noble Caribert, dont l'aïeule paternelle, Bertrada, avait doté le monastère de Prumium,[7] donnait le jour, dans la province de Liège, à un enfant qui devait être Charlemagne.[8]

(1) La saie.   (2) Robe longue.

(3) Capitulaire de Carloman, an 742, *Patr. lat.*, t. xcvi.

(4) Bourges.   (5) Loches.

(6) Frédégaire, *Chroniques continuées*, III⁰ Partie, *Patr. lat.*, t. lxxi.

(7) Prüym.

(8) On ne connaît pas le lieu de naissance de Charlemagne. A peine même si un ou deux annalistes ont enregistré la date de sa naissance (742). La seule chronique de saint Gall (*Gesta B. Caroli Magni*, l. i, ch. xxx, *Patr. lat.*, t. xcviii), donne un vague renseignement sur ce lieu présumé. Ce serait la province de Liège, si l'on en juge par l'affection que lui portait Charlemagne, et la ville d'Aix-la-Chapelle qu'il fonda plus tard dans le voisinage, serait le témoignage de son amour pour sa terre natale. Nous consacrerons un volume à ce grand homme qui joua un rôle si important dans l'histoire de l'Eglise qui l'a mis au nombre de ses saints.

III

LES SUPERSTITIONS DES GAULES.[1]

L'antique champ de Mars des Francs allait être le témoin et le théâtre d'un spectacle nouveau.

La grande réunion nationale allait se tenir d'après une formule inusitée et grandiose, réunissant dans une alliance féconde pour se prêter un mutuel concours pour le bonheur des peuples, les deux grandes puissances de l'Etat et de l'Eglise.

Ce fut dans la villa royale de Leptines,[2] près de Cambrai, que se tint la grande réunion synodale, le jour des calendes de mars, 1er mars 743.

L'ordre ecclésiastique tout entier, évêques, prêtres et clercs y était représenté ainsi que les moines et y jurèrent de conformer leur vie, leur doctrine et leur administration, aux règles canoniques.

---

(1) Cette nomenclature très curieuse qui nous a été conservée dans les actes du Concile de Leptines est d'un grand intérêt et montre combien était difficile à défricher dans notre pays, le champ de l'Evangile encombré par tant de mauvaises herbes semées par le paganisme. Aujourd'hui encore, il n'est pas impossible, après tant de siècles, d'en trouver des vestiges très reconnaissables.

(2) Bourg actuel de Lestines en Belgique, dans la province du Hainaut, à cinq lieues de Charleroi.

Charles-Martel avait exercé, au profit de ses conquêtes, une véritable spoliation sur les biens du clergé, le concile de Leptines rétablit toutes choses en leur état normal et obligea le fisc à subvenir aux besoins des églises ou des monastères, des biens desquels il serait encore obligé de se servir à titre précaire pour l'entretien des troupes.

La discipline du mariage fut renouvelée; on prohiba le commerce des esclaves, honteux trafic de ceux qui vendent aux païens des fidèles de Jésus-Christ.

Enfin on décréta passibles d'une amende de quinze *solidi*, quiconque serait convaincu d'avoir pratiqué une observance païenne.[1]

Les dieux de la Germanie n'étaient pas morts, et, tous les jours, ils recevaient encore de nombreux hommages. Il se rencontrait même de nouveaux baptisés qui ne se croyaient pas, par leur baptême, à jamais ennemis de ces dieux dont la fable avait bercé leur enfance.

Les trois grandes divinités païennes de la Germanie étaient Thunaer ou Thor, Woden ou Odin et Saxnot, le Freya des Scandinaves.

Thor représenté avec un sceptre ou un marteau, était le plus puissant et pouvait être comparé, sous beaucoup de rapports, au Jupiter des anciens. Dieu de l'air, des éclairs et du tonnerre, il gouvernait les vents et les pluies et donnait les fruits à la terre.[2]

Woden ou Odin était adoré comme l'auteur de la destruction et le maître de la guerre. Maître de la colère, c'était lui qui présidait aux batailles, dispensait aux hommes le courage contre leurs ennemis et on le représentait armé comme Mars.[3] C'était le Thuisto ou Theut des Germains et son

---

(1) *Concile de Leptines, Patr. lat.*, t. xcvi.
(2) Adam Bremeus, *Hist. ecclésiast.*, *Brem.* Hafn., 1759, 4º.
(3) Ibid.

culte convenait aux mœurs guerrières et à l'esprit entreprenant de ces peuples.

C'était dans le palais de ce dieu, le Walhalla, paradis de délices et de joie, qu'ils aspiraient à se rendre après leur mort. Là, compagnons d'Odin, ceux qui avaient péri par le fer, passaient leurs jours dans les combats et les festins continuels.

Chaque jour, en prenant leurs vêtements, ils endossaient leur armure et se livraient des combats dans l'arène, puis ils revenaient sur leurs chevaux pour se livrer aux festins et aux libations.[1]

C'était, sans doute, pour qu'ils y arrivassent comme des guerriers, qu'on ensevelissait avec eux le cheval qu'ils avaient monté et les armes dont ils s'étaient servi.

Ceux qui ne sortaient pas de la vie en combattant, allaient dans le *Niflhein*, triste séjour où Héla exerçait son empire.

Là était l'immense empire d'Héla. Son palais est dans les nuages, sa table s'appelle la faim, son couteau de table ne sert à rien, son service est immobile et son seuil est un gouffre.[2]

Le Saxnot des Germains, le Freya des Scandinaves, était invoqué comme le principe de la fécondité sous des emblèmes dont les égyptologues ont retrouvé les similaires dans les fouilles de Thèbes et de Memphis.[3]

Aussi le concile de Leptines avait-il jugé nécessaire de rédiger en langue teutonique une formule d'abjuration qui devait être employée au baptême des nouveaux convertis.

— Renoncez-vous au diable? demandait le prêtre au néophyte.

---

(1) *Edda Mytholog.*, xxxii, xxxv.

(2) *Edda*, xxvii.

(3) Mignet : *Ancienne Germanie*. — Les peuples se sont toujours fait un au delà du tombeau à l'image de leur ignorance et de leurs passions. Toutes les religions antiques nous offrent des formules religieuses similaires ou analogues entre elles.

— J'y renonce.

—Renoncez-vous au *gilde* du diable?[1] aux œuvres du diable?

— Je renonce aux œuvres et aux paroles du diable; je renonce à Thunaer, Woden, Saxnot et à tous les esprits qui sont avec eux.

— Croyez-vous en Dieu le Père tout-puissant? au Christ Fils de Dieu? au Saint-Esprit?

— Je crois au Père, au Fils et au Saint-Esprit.[2]

En outre le concile dressa un index de trente superstitions populaires à détruire et à extirper :[3]

— Les sacrilèges qui se commettent aux sépultures.

C'était l'usage d'enterrer avec le défunt les animaux qui lui avaient appartenu, souvent aussi ses esclaves et la coutume de brûler sur son tombeau tous les meubles et objets qui avaient servi à son usage personnel.

(1) Le mot *gild* peut être pris dans deux sens. « J'appelle l'attention, dit Ozanam (*Civilisation chrétienne chez les Francs*), sur le mot *diobol geld* où l'on reconnaît une trace de ces fameux *gilde*, associations païennes de festins et de secours mutuels qui se perpétuèrent et prirent un caractère politique au moyen âge. »

« Sans rejeter absolument ce point de vue, dit Darras (*Hist. de l'Eglise*), nous serions porté à croire que le *diabol gelde* est simplement la traduction en langue tudesque des mots usités aujourd'hui « pompes du démon. » Au lieu de prendre le *gelde* du texte de Leptines pour un dérivé de *gilde* association, il nous paraîtrait plus naturel de lui conserver la forme et la signification qu'il a encore en allemand, *geld* argent, richesses. »

(2) Voici ce monument de la langue teutonique au VIIIe siècle : *Forsachis tu diobolæ? — Ec forsacho diobolæ. — End allum diobol gelde? — End ec forsacho allum diobol gelde. — End allum dioboles wercum? — End ec forsacho allum dioboles wercum end wordum : Thunaer, ende Wodem, ende Saxnote, ende allem them un holdum the hira genotas sint. — Gelobis tu in bot almechtigan Fadaer? Ec gelobo in got almechtigan Fadaer. — Gelobis tu in Crist Gotes suno? — Ec gelobo in Crist Gotes suno. — Gelobis tu in Halogan Gast? — Ec gelobo in Halogan Gast.* (Concile de Leptines, *Patrol. lat.*, t. LXXXIX.)

(3) Cet index (*Indiculus superstitionum et paganiarum*) est, comme nous l'avons déjà dit, très intéressant pour l'histoire du paganisme en Germanie. Malheureusement, nous ne possédons que les intitulés de chapitres dont les développements ne sont pas arrivés jusqu'à nous.

— Les *dadsiœ* ou autres sacrilèges sur les tombeaux.

C'étaient des festins somptueux que l'on faisait à chaque anniversaire sur la tombe des défunts; cet usage était en vigueur chez les Romains sous le nom de *parentalia* et l'Eglise n'avait jamais cessé de le poursuivre de sa réprobation.

— Les *spurcales* de février.

C'étaient des fêtes licencieuses que les Romains s'obstinaient encore à célébrer en l'honneur de Janus et que les Germains célébraient en l'honneur de Saxnot ou Freya.

— Les *casulœ*.

C'étaient de petites huttes de branchages consacrées au culte païen dans la profondeur des forêts.

Les sacrilèges dans les églises, vol, effraction ou violence dans le lieu saint.

— Les *Nimidiœ*.

C'était l'adoration des arbres prétendus fatidiques, c'est-à-dire crûs habités par des génies ou des esprits comme les dryades et les hamadryades, ou en rapport de destinée avec certaines personnes comme nous avons vu à Rome, le célèbre figuier Ruminal présidant aux destinées de l'empire comme un réel palladium.

— Le culte des pierres.

C'étaient les sacrifices druidiques sur les *dolmens*, les *menhirs* et les *peulwens*.

— Les sacrifices à Jupiter et à Mercure, c'est-à-dire au dieu Thor et à Odin, souvent confondu avec le Mercure des Romains, vénéré par tous les peuples de la Germanie.

— Les sacrifices en l'honneur d'un saint.

Des païens convertis et ignorants sacrifiaient souvent des victimes près des églises, pour invoquer la protection des confesseurs et des martyrs.

— Les phylactères et les ligatures.

C'étaient des bandes d'étoffe ou de peau dont on s'entourait le cou, les bras et les jambes, véritables talismans chargés de caractères et de figures magiques et qui avaient la réputation de prévenir ou de guérir les maladies.

— Les sacrifices aux fontaines, les incantations, les augures par le vol des oiseaux, le hennissement des chevaux, le fumier de bœuf, l'éternuement.

Tacite[1] avait déjà signalé les augures tirés par les Germains des hennissements du cheval. « C'est, dit-il, la forme de divination la plus usitée parmi eux. Des chevaux blancs sont parqués dans certaines parties des forêts où ils grandissent en liberté. Le jour où leur prêtre les monte pour la première fois, la foule observe avec soin les hennissements de l'animal et en tire des présages d'autant plus accrédités que le cheval passe à leurs yeux pour un être divin. »

Ils tiraient aussi des présages des excréments du bœuf qu'ils rencontraient sur leur route. Frais, ils étaient d'heureux augure; desséchés, ils constituaient un funeste présage. Enfin, l'éternuement était considéré comme un signe néfaste dont il fallait se hâter de conjurer la mauvaise influence.[2]

— Les devins et les sorciers.

(1) *Mœurs des Germains*, x.

(2) On remarquera que certaines de ces superstitions sont encore vivantes dans nos temps actuels parmi le peuple. « Que les dieux détournent le présage; *Dii avertite omen!* » disaient les Romains à celui qui éternuait. Nous disons, nous, « Dieu vous bénisse! » les Allemands disent : *Goh helf; Er bencesset es;* les Italiens : « *prosit*, ou : Que cela vous soit bon! » J'ai vu maintes fois des gens du peuple toucher du fer pour se garantir du mauvais œil; d'autres tirer présage d'excréments de chien, selon leur nombre; la liste de ces superstitions serait longue; on les trouve jusque dans des centres éclairés et sceptiques comme Paris. Citerai-je ce dicton ridicule et si populaire qui veut que l'excrément humain porte bonheur à qui l'écrase par mégarde. Cela prouve, on ne saurait trop le répéter, les immenses résistances que l'Eglise a rencontrées pour christianiser tout à fait *en esprit et en vérité*, des peuples chez lesquels les théories et les symboles du paganisme avaient de si profondes racines qu'elles ne paraissent pas encore entièrement extirpées.

— Le feu obtenu par le frottement ou *nodfyr*.

Cette pratique, en soi, ne pouvait être blâmable,[1] mais ce que l'Eglise condamnait, c'était cet acte considéré comme un rite et l'idée que le feu ainsi obtenu par le frottement rapide de deux morceaux de bois l'un contre l'autre, préservait de la peste et des épizooties.

— Les présages tirés de la cervelle des animaux.

Cette pratique était commune aux divers cultes idolâtriques et Julien l'Apostat s'y conformait ainsi que les races barbares de la Germanie.

— Les présages tirés de la fumée pour le bon ou le mauvais succès d'une entreprise.

Si la fumée s'élevait droite au-dessus du foyer, si le vent imprimait à la légère colonne de vapeur telle ou telle direction, le présage était bon où il était mauvais.

— Les *unsteten* ou lieux habités par des génies inconnus.

Quand un Germain était pris en route d'un malaise subit, d'une douleur quelconque, il était persuadé que c'était là contre lui une vengeance d'un esprit inconnu, dont il avait heurté imprudemment du pied la demeure.

— Le serpolet appelé dans une bonne intention : Herbe-de-Sainte-Marie.

On attribuait au serpolet des propriétés curatives et même magiques. On en portait des sachets au cou, afin de se préserver de la piqûre des serpents, on en attachait des rameaux à son lit pour se concilier une sympathie désirée. Les néophytes germains, dans leur confiance aux vertus du serpolet et leur vénération traditionnelle pour cette herbe, l'avaient consacré à la sainte Vierge, mettant ainsi à couvert cette superstition.

— Les jours consacrés à Jupiter et à Mercure, c'est-à-dire

---

(1) Inutile de faire remarquer que l'on n'avait pas, au VIIIe siècle, d'autre moyen de se procurer du feu.

à Thor et à Odin, que les Germains invoquaient spécialement le mercredi et le jeudi.[1]

— Le *vinceluna*.

C'était la pratique d'incantations à la lune pendant une éclipse, dans l'espoir de l'aider à sortir triomphante d'un combat imaginaire; les Germains lui criaient pour l'encourager : *vince luna!* c'est-à-dire : triomphe, lune! D'où le vocable de cette superstition.[2]

— Les *tempestarii*, les cornes et cueillers sacrées.

Les tempestarii étaient des espèces de sorciers qui se prétendaient doués du pouvoir de déchaîner ou d'apaiser à leur gré les orages. Les cornes de l'*uroch* ou bœuf sauvage qui étaient façonnées en forme de coupes et les cueillers servant aux repas étaient ordinairement consacrées par des rites idolâtriques ou ornées d'emblèmes païens.

— Les sillons d'enceinte.

Les Germains, pour limiter leurs propriétés, traçaient un sillon et le plaçaient sous le patronage d'une divinité chargée d'écarter le feu, l'ennemi et les voleurs. Ainsi les bornes des Romains étaient le dieu Terme.

— Les courses dites *yriæ*, accomplies selon les rites païens avec les vêtements et les chaussures déchirés.

Ces courses avaient lieu le premier janvier. L'évêque Boniface s'était plaint au pape Zacharie que, même à Rome, au dire de ceux qui en revenaient, ces saturnales sans nom

---

(1) Le mercredi, selon le calendrier romain, était le jour de Mercure (*Mercurii dies ;*) le jeudi, celui de Jupiter (*Jovis dies*) ; nous avons conservé ces appellations païennes pour notre calendrier, sauf pour le dimanche qui était le jour du soleil et dont nous avons fait le jour du Seigneur « Dominica dies. »

(2) De nos jours, les Chinois se livrent à des pratiques analogues pendant les éclipses et, croyant que le dragon veut avaler l'astre occulte, font, avec des tamtams et des pétards, le plus épouvantable charivari, non pour encourager la lune ou le soleil, mais pour faire peur au dragon. Et ils sont persuadés que cela réussit toujours, car la lune et le soleil n'ont jamais été mangés, grâce à leurs vaillants défenseurs... les Chinois !

se passaient sous les yeux du pontife chaque année aux
calendes de janvier. Le pape l'avait reconnu en exprimant au
saint évêque sa douleur à ce spectacle scandaleux et son
impuissance à abolir ces fêtes impies et à en extirper la coutume, malgré les plus constants anathèmes des pontifes, des
pères et des évêques de tous les temps.[1]

— L'apothéose des morts.

Déjà, Boniface s'était plaint à l'évêque Daniel de Winchester, de la coutume des Germains de diviniser leurs défunts.

— Les simulacres païens fabriqués avec de la pâte consacrée aux dieux; les idoles habillées; celles qu'on porte à
travers les champs; les pieds et les mains sculptés en bois
selon les rites idolâtriques.

Les simulacres de *consparsa farinæ* étaient les figu-
rines fabriquées avec de la farine détrempée avec de l'eau
des fontaines sacrées; les simulacres ou mannequins habillés
représentaient des fées ou *runes;* ceux qu'on portait à travers les champs représentaient le dieu de la fertilité; les
pieds et les mains sculptés en bois étaient des *ex-voto* que les
Germains suspendaient aux arbres sacrés, pour obtenir la guérison d'une blessure ou infirmité soit aux pieds soit aux mains.

— Enfin, les *sagæ* ou sorcières qui se vantaient de pouvoir donner à leur gré l'épilepsie, le mal caduc ou d'autres
infirmités telles qu'en éprouvent les lunatiques.[2]

Tel était l'état des esprits dans le pays des Francs au
moment où la monarchie allait se montrer le plus puissant
appui du trône temporel de saint Pierre.

Tels étaient les efforts de l'Eglise pour transmuer à la
lumière éclatante de la foi, l'esprit obscur et le cœur faible
de ces peuples à qui l'avenir ménageait tant de grandeur et
tant de gloire politique et chrétienne.

(1) S. Zacharie, *Ep. I, Patr. lat.*
(2) Concile de Leptines, *Patr. lat.*, et Darras, *Hist. de l'Eglise.*

IV

ENTRE DEUX ROYAUMES.

Carloman et Pépin continuèrent leurs exploits contre le duc de Bavière, Ogdilo, avec le même succès.

Ogdilo qui avait épousé contre leur volonté, leur sœur Hiltrudis réfugiée à sa cour, s'était allié contre eux avec Hunald, duc d'Aquitaine, et prétendait soustraire à la domination franque le duché de Bavière qu'il avait reçu de la libéralité de Charles-Martel.

La lutte était terrible et sanglante, car le prêtre Sergius, légat apostolique en Bavière, crut pouvoir prendre sur lui d'invoquer l'autorité du pape en faveur de la paix.

A la prière d'Ogdilo qui roulait de défaite en défaite et à la veille d'une grande bataille, Sergius se présenta devant les princes francs et leur dit :

— Seigneurs, cessez cette lutte atroce, je vous l'ordonne au nom du seigneur apostolique le pape Zacharie, qui vous enjoint de quitter le territoire des Bajoarii.

Mais Pépin et Carloman ne tinrent point compte de cette injonction et remportèrent la victoire.

Sergius, alors, fut amené devant eux, en compagnie de l'évêque Gunzebald de Ratisbonne.

Pépin, d'un ton calme, lui dit :

— Seigneur Sergius, nous voyons bien aujourd'hui que vous n'êtes pas l'apôtre saint Pierre, et que vous n'accomplissez pas fidèlement la mission dont il vous a chargé. Vous nous avez dit hier que le seigneur apostolique, par l'autorité de saint Pierre et la sienne, s'opposait à notre juste revendication contre les Bajoarii. Nous vous avons répondu que ni saint Pierre ni le seigneur apostolique ne vous avaient donné une telle mission près de nous.

« Or, si réellement saint Pierre n'avait pas approuvé la justice de notre cause, il ne nous aurait pas aujourd'hui prêté son secours dans le combat. C'est par l'intercession du bienheureux Pierre, prince des apôtres, c'est par le jugement de Dieu, auquel nous n'avons jamais refusé de nous soumettre, que nous avons obtenu la victoire et prouvé que la Bavière et ses peuples relèvent de l'empire franc. »

Le pape, de son côté, désavoua son légat en cette circonstance. Les pouvoirs très étendus qu'il lui avait donnés dans les Gaules ne comportaient pas cette médiation d'autorité; ils se bornaient à seconder l'unité d'action de Boniface dans tout l'empire des Francs pour la pacification religieuse, la restauration de la discipline ecclésiastique et l'organisation des nouvelles chrétientés de la Germanie.

L'an 744, Carloman et Pépin firent campagne contre les Saxons en révolte et qui dévastaient la Thuringe.

Un événement de cette campagne montra que la discipline ecclésiastique, grâce aux efforts de Boniface, était en bonne voie de restauration.

Gérold, évêque de Mayence, reçut ordre de se joindre à l'expédition.

A la première rencontre, il fut tué dans la mêlée sans que l'on put savoir qui l'avait frappé.

Son fils, Gewilieb, qui était laïque et comte du palais, se répandit en gémissements. Pour le consoler on lui offrit, s'il consentait à entrer dans la cléricature, la succession vacante du siège épiscopal de Mayence.

Gewilieb accepta et devint évêque. En cette qualité, il accompagna Carloman à la guerre contre les Saxons.

L'armée était campée sur les bords du Veser en face de l'ennemi.

Gewilieb appela alors son serviteur et lui dit :

. — Va adroitement au camp saxon et informe-toi du nom du meurtrier de l'évêque Gérold.

Le serviteur partit et réussit à faire parler un soldat qui lui dit :

— Celui que vous cherchez n'est pas loin.

— Eh bien! dit le serviteur, dites-lui de venir au plus vite, car mon seigneur voudrait lui demander un renseignement important.

Le Saxon, sans défiance, accourut. Il traversa le fleuve sur son cheval et Gewilieb qui se tenait sur l'autre rive en ayant fait autant de son côté, ils se rencontrèrent au milieu du gué.

Après avoir échangé quelques paroles, Gewilieb s'écria tout à coup :

— Traître! tu as tué mon père! voici ta récompense!

Et au même moment, il plongea son épée dans la gorge du soldat qui tomba de cheval et expira au milieu du fleuve.

A ce spectacle, les Saxons poussèrent d'horribles clameurs. Les Francs prirent les armes, le combat s'engagea avec furie et la victoire resta à ces derniers.

Dans l'armée franque nul ne considérait l'action de Gewilieb comme un crime et il continua à exercer, au retour de la guerre, les fonctions épiscopales.[1]

Les mœurs germaniques autorisaient en effet la vengeance personnelle *per fas et nefas*. Et c'était pour substituer

---

(1) Odilon, *Vie de S. Boniface*, l. i, ch. xvxvii. *Patr. lat.*, t. lxxxix.

à cette fougue barbare la discipline de la loi chrétienne et des canons ecclésiastiques, que Boniface luttait depuis vingt ans.

Lui seul osa élever la voix. Dans un synode, il déclara formellement qu'un évêque coupable de meurtre devait être déposé de sa dignité et de sa charge et que, d'ailleurs, il avait vu naguère Gewilieb, au mépris des canons, chasser avec meute et faucons.[1]

Pépin et Carloman se déclarèrent de l'avis de Boniface et Gewilieb qui comprenait toute la difficulté de sa situation, parlait d'en appeler au pape.

Mais Boniface l'avait prévenu et le pape Zacharie, informé par ses soins, répondit que le Saint-Siège ne consentirait jamais à couvrir de son indulgence de pareils forfaits.[2]

Gewilieb dut se soumettre, il fut déposé et passa le reste de ses jours dans la retraite et la pénitence.

Pépin et Carloman déclarèrent que Boniface prendrait le gouvernement du siège de Mayence qui deviendrait la métropole de toutes les églises de la Germanie au lieu de Cologne, moins favorablement située et qui avait reçu du pape naguère le titre métropolitain.

Le pape Zacharie sanctionna ce désir en ces termes : « Par l'autorité du bienheureux Pierre, apôtre, nous érigeons l'église de Mayence au rang de métropole, pour être gouvernée par vous, notre frère Boniface et vos successeurs ; elle aura sous sa juridiction Tongres, Cologne, Worms, Spire, Utrecht et toutes les nations de la Germanie auxquelles votre fraternité a fait connaître par sa prédication la lumière du Christ.[3] »

C'était le couronnement d'un apostolat qui avait renou-

(1) Ibid.
(2) Zacharie, *Ep X*, *Patrol.*
(3) Zacharie, *Ep. XIV*, *Patrol.*

velé les merveilleuses conquêtes du premier âge de l'Evangile. Boniface était à l'apogée de sa gloire et de son influence, père des peuples, âme de l'Eglise Germaine et Gauloise, conseiller des princes et des rois de l'Europe.[1]

Pendant ce temps-là, Hunald duc d'Aquitaine, assagi par le spectacle des désastres de ses alliés, demandait la paix et songeait à abdiquer en faveur de son fils unique Vaifre et à se retirer dans un monastère.

Etrange piété que celle de ce barbare! Il abdiquait par impuissance, mais il comptait sur son fils, jeune, fort, intelligent et farouche qu'il savait mérovingien dans l'âme et capable de faire échec à Pepin et à Carloman. Mais il y avait un obstacle, c'était le droit de son frère Hatto à l'héritage de leur commun père le duc Eudes d'Aquitaine.

Son parti fut bientôt pris; il attira son frère dans un guet-apens lui fit crever les yeux et disposa si bien de sa personne qu'on n'en entendit jamais plus parler que s'il eut été mort.

Après cela, ce singulier converti fit ses adieux à son fils, prit congé de sa propre femme et alla revêtir l'habit de moine dans le même monastère de l'île de Rhé où son père Eudes avait son tombeau.[2]

Cependant, le duc Carloman allait aussi se retirer du monde mais pour des motifs aussi saints que ceux d'Hunald étaient barbares.

Après s'être encore une fois couronné de gloire à la guerre, Carloman déclara à Pepin son frère qu'il avait pris la résolution d'abandonner le siècle pour se consacrer au service du Dieu tout-puissant et qu'avant de se retirer du monde il voulait faire un pèlerinage *ad limina apostolorum*.

(1) Darras, *Hist. de l'Église.*

(2) Fauriel, *Hist. de la Gaule méridionale,* t. iii, et *Actes des SS. Bertarius et Atalenus,* vi Juill. — Bollandistes

Pepin, à cette nouvelle, prépara de magnifiques présents pour le tombeau des apôtres et une puissante escorte pour y accompagner son frère.

Ce fut au printemps de l'année 747 que l'illustre prince franc fit son abdication solennelle et partit pour Rome accompagné d'un grand nombre de ses *optimates* et chargé de riches offrandes pour les déposer sur la confession des apôtres.

Le cortège princier prit son itinéraire par la Suisse actuelle, pour se rendre en Italie.

Carloman, en passant, voulut s'arrêter quelques jours au monastère de Saint-Gall alors gouverné par le bienheureux Othmar.

A la vue des miracles qui s'opéraient au tombeau de l'illustre saint et de l'austérité des religieux :

— Cette abbaye est bien pauvre, dit-il, et bien petite, mais elle mérite la réputation qui la rend célèbre dans tout l'univers. Que ne puis-je, par une importante dotation, subvenir aux besoins du monastère et faire cesser son indigence. Mais j'ai renoncé à tous les biens que je possédais en Austrasie et il ne m'est plus permis d'en disposer.

Néanmoins, il écrivit à son frère en le priant d'octroyer, par amour pour lui, une largesse royale à ce monastère, et Pepin se hâta d'accomplir le vœu fraternel.

Arrivé à Rome, Carloman reçut des mains du pape Zacharie l'habit monastique et la tonsure, et plusieurs de ses compagnons, gagnés par son exemple, l'imitèrent.

Aussitôt, il se retira avec eux sur le mont Soracte, où il releva l'ancien monastère de Saint-Sylvestre ruiné par les Lombards et crut goûter le repos de la vie contemplative avec ses frères.

Mais bientôt la retraite du mont Soracte visitée incessamment par les nobles Francs qui venaient en grand nombre en pèlerinage au tombeau des apôtres, et voulaient saluer en passant leur ancien seigneur, devint comme un double de la cour d'Austrasie.

Aussi, le prince-moine qui, entre les deux royaumes, celui du ciel et celui de la terre, avait prétendu choisir celui du ciel, résolut-il, sur le conseil du pape, de se soustraire à une telle affluence.

A l'insu de tous, il partit une nuit avec un seul compagnon, un comte franc qui n'avait jamais voulu le quitter et dont il avait éprouvé la fidélité depuis son enfance.

Ils n'emportaient rien avec eux, selon le conseil du Christ, que la misérable tunique de bure qui couvrait leur corps.

Après une longue marche, ils arrivèrent au mont Cassin; Optat, successeur du bienheureux Petronax en était alors abbé.

Selon l'usage, les voyageurs frappèrent humblement à la porte du monastère.

La porte s'ouvrit et ils demandèrent à parler au père abbé.

Arrivés devant lui, Carloman se prosterna la face contre terre et lui dit :

— Vénérable père, je suis un pécheur souillé de tous les crimes, mes mains ont versé le sang et tué bien des hommes. J'implore miséricorde et vous demande une place dans votre monastère pour y faire pénitence.

— Votre accent, répondit le père abbé, m'indique que vous êtes étranger. De quel pays êtes-vous?

— Je suis né au pays des Francs, répondit le pénitent, j'ai quitté ma patrie et me suis volontairement exilé sur la terre, uniquement dans le but de ne pas perdre la patrie céleste.

L'abbé lui fit donner ainsi qu'à son compagnon une cellule de novice. Un an s'écoula et ils firent leur profession solennelle.

De leur véritable origine nul ne se doutait et personne n'était venu relancer le prince franc jusque-là.

La règle bénédictine imposant à tour de rôle tous les

emplois à tous les religieux, Carloman, un jour, fut envoyé à la cuisine pour y aider pendant la semaine.

Le prince moine avait accepté avec joie cet humble emploi. Mais humilité n'est pas savoir faire et il se montra maladroit dans l'art de nettoyer les ustensiles et d'éplucher les légumes.

Le cuisinier commença par le regarder d'un air méprisant et, enfin, impatienté de sa maladresse, lui fit de violents reproches et s'emporta jusqu'à lui donner un soufflet.

— Que Dieu et Carloman vous pardonnent, murmura humblement le religieux, humble encore sous l'outrage.

Mais le comte franc qui se trouvait là et avait été le témoin indigné de cet acte de brutalité, se mit en colère, et, saisissant un pilon qui servait à écraser le pain qu'on employait pour la maigre soupe des religieux, il en déchargea de toute sa force un grand coup sur les épaules du cuisinier en s'écriant :

— Misérable! méchant serviteur! que ni Dieu ni Carloman ne te pardonnent!

Le bruit qui accompagna cette scène attira les frères qui, sans prendre ouvertement parti pour le cuisinier, blâmèrent les nouveaux venus en disant :

— Quoi! est-il permis à un étranger reçu ici par charité d'agir de la sorte!

La punition ne se fit pas attendre et, selon l'usage, le coupable fut enfermé dans la cellule de pénitence pour y réfléchir sur la gravité de sa faute.

Le lendemain on l'en tira et il fut amené au milieu de la salle conventuelle.

Là, en présence de tous les religieux, l'abbé lui dit sévèrement :

— Pourquoi avez-vous levé la main sur un frère ministre?[1]

---

(1) Frère lai.

— C'est parce que, répondit le frère comte franc, je voyais
le plus méchant des serviteurs frapper le meilleur des hommes, le plus grand des princes qui soit sur la terre.

— Et quel est donc ce prince dont vous parlez, dit l'abbé
surpris, cet homme dont, à vous entendre, la noblesse et la
vertu dépassent ce qu'il y a de meilleur et de plus grand
ici-bas ?

Alors, le comte désignant de la main Carloman dit :

— Le voici ! Ce religieux dont vous ne connaissez pas
l'origine, c'est Carloman qui régnait naguère sur la puissante nation des Francs. Par amour pour Jésus-Christ, il a
quitté son royaume et la gloire du monde. D'un si haut rang,
il s'est humilié non pas seulement jusqu'à remplir les offices
les plus bas, mais jusqu'à supporter les outrages d'un cuisinier.

A ces mots, les religieux, quittant leurs sièges, viennent
se prosterner devant le prince méconnu, le priant d'excuser
leur ignorance.

A son tour, Carloman s'agenouille devant eux :

— Je vous supplie, leur dit-il, de ne pas tenir compte
de ce que vous venez d'entendre, je ne suis qu'un misérable
pécheur touché par la grâce de Jésus-Christ.

Mais, enfin, il lui fallut avouer la vérité et recevoir les
témoignages du plus grand respect et de la plus sincère
admiration.[1]

(1) Regino Prumiens, *Chroniques*, ann. 747. *Patrol.*, t. cxxxii.

V

LE SACRE.

Pendant ce temps-là, Pepin demeuré seul maître en Gaule, consolidait sa gloire par la défaite définitive des Saxons et des Bajoarii.

L'année 749 vit la pacification complète de la Germanie.

« Le duc Pepin, sous la conduite du Christ, revint en France dans son palais au milieu d'une pompe triomphale.[1] »

L'enthousiasme du peuple montrait qu'une grande révolution était accomplie dans les esprits et que la nouvelle dynastie avait un pied sur les marches du trône.

Pepin était le héros connu, admiré, acclamé, tandis que l'on connaissait à peine ce fantôme royal dont il était le ministre et qui se nommait Childéric III, prince sans prestige et sans pouvoir. De plus, il avait pour lui tout le clergé de la Gaule et de la Germanie et par cette alliance féconde il avait effacé jusqu'au souvenir des exactions de son père Charles-Martel dont on ne prononçait le nom héroïque que pour chanter la gloire de ses combats contre les Sarrasins et de la magnifique journée de Poitiers où il avait sauvé la chrétienté tout entière.

(1) Frédégaire, *Chron. continuées.* ıı^e partie.

Le corps de Boniface fut retrouvé. Auprès de lui était un livre mutilé par le fer et taché par le sang. (P. 76.)

L'assemblée des Francs était prête à acclamer le nouveau roi, mais avant tout, elle songea à demander le conseil du pape Zacharie et à s'enquérir de lui s'il couvrirait cette élection de son autorité apostolique.

Sans aucun doute, ce parti fut conseillé par Boniface et ses coévêques de la Germanie et des Gaules.

L'an 751 deux ambassadeurs Francs arrivèrent à Rome. C'était Burchard évêque de Wurtzbourg et Fulrad abbé de Saint-Denis et chapelain du duc d'Austrasie.

Introduit près du pontife, ils lui demandèrent :

— Saint Père, à qui est-il plus juste de donner le nom de roi, à celui qui n'a plus rien de l'autorité royale ou à celui qui la possède tout entière sans en avoir le nom?

A cette question le pape Zacharie répondit :

— Il est juste que celui qui a toute la puissance royale ait aussi le nom de roi.

Quelques Francs trouvaient cependant que le duc d'Austrasie n'avait pas la taille d'un roi.

Irrité de ces murmures et confiant dans sa force malgré l'exiguïté de sa stature, il descendit un jour dans l'arène pour lutter contre un lion et un bœuf qu'il tua d'un seul coup.

Alors, se tournant vers les spectateurs, il cria aux leudes saisis d'admiration :

— Eh bien! croyez-vous maintenant que je puisse être votre seigneur? N'aviez-vous donc jamais entendu parler de David qui, malgré sa petite taille, tua le géant Goliath? ni d'Alexandre le plus petit des grecs par sa stature, le plus grand par ses triomphes?

Alors, ils l'acclamèrent tout d'une voix.

Selon la coutume des Francs, il fut élevé sur le pavois dans la ville de Soissons et proclamé roi.

Les mérovingiens n'avaient jamais été sacrés. L'eau du baptême coulant sur leur front, y avait tenu lieu de l'huile sainte. Le premier des carlovingiens devait être sacré solennellement; l'Eglise rendait ainsi l'autorité royale plus vénérable en la plaçant sous la protection immédiate de Dieu et, en même temps elle avertissait les princes que leur mission est un apostolat et que plus le pouvoir dont ils sont investis est grand plus grande est leur responsabilité devant Dieu qui juge la justice et tient dans ses mains le cœur des rois.

Devant l'autel, le premier des carlovingiens proféra ce serment solennel.

— Je jure de conserver en paix l'Eglise de Dieu et tout le peuple chrétien sous mon gouvernement; de réprimer l'injustice, de quelque part qu'elle vienne; de joindre dans tous mes jugements l'équité à la miséricorde. Ainsi, puisse le Dieu très bon et très clément nous pardonner à tous dans sa miséricorde éternelle!

Alors, l'huile sainte coula sur la tête du prince; les principaux seigneurs de sa cour lui placèrent entre les mains conjointement avec les évêques, le sceptre royal, et l'archevêque Boniface s'écria en acclamation :

— Qu'il soit toujours victorieux et magnanime! Que ses jugements soient équitables et sages! Que son règne soit paisible et que ses triomphes ne coûtent point de sang! Que sa vie soit une suite de prospérités! Qu'après son règne terrestre, il jouisse de la félicité éternelle!

Et le peuple cria par trois fois : Vive le roi pour l'éternité![1]

Childéric III eut les cheveux coupés et alla achever ses jours dans un cloître. La reconnaissance publique et l'autorité du pape avaient placé la couronne sur la tête de Pepin et rien ne devait l'ébranler. Dieu continuait à employer les Francs à la gloire et à la prospérité de son Eglise.

---

(1) Saint Boniface se servit pour le sacre de Pépin le Bref, de la formule insérée par saint Egbert d'York dans son « pontifical, » le premier monument liturgique d'Occident où se rencontrent les cérémonies du sacre des rois. (Darras, *His. de l'Eglise.*)

TROISIÈME PARTIE

LE PAPE-ROI

I

LE ROI ASTOLPHE.

La ville de Rome était en rumeur.

La révolution ne grondait pas dans son enceinte, l'ennemi non plus, ne pressait pas ses murailles, mais elle n'avait plus de pontife et allait s'en donner un.

Zacharie,[1] père du clergé et du peuple, était mort après avoir donné aux romains toutes les preuves d'un apostolique dévouement et préparé pour le Saint-Siège, dans la personne de Pépin, une dynastie de glorieux défenseurs.

Le peuple de Rome n'avait pas attendu longtemps pour le remplacer. Trois jours après sa mort il avait élu tout d'une voix le prêtre Etienne qu'il avait porté en triomphe au palais patriarcal de Latran où il devait attendre son sacre.

Mais, le lendemain, on apprit avec stupeur la mort du nouvel élu qu'une attaque d'apoplexie avait frappé la nuit dans son lit.[2]

---

(1) Le pape S. Zacharie régna de 741 à 752.

(2) Etienne II fut le 94e successeur de S. Pierre et, quoique n'ayant pas régné,

On célébra ses funérailles et le peuple et le clergé se réunirent de nouveau dans la basilique de Sainte-Marie *ad præsepe* pour implorer la miséricorde de Jésus-Christ et de Notre-Dame et les bénédictions du ciel sur le nouveau choix qu'ils allaient faire.

Tous, ensuite, d'une voix unanime, et d'un cœur confiant, acclamèrent l'archidiacre Etienne, romain de naissance et ancien élève de l'école patriarcale de Latran.[1]

Aussitôt le nouvel élu fut placé, selon l'usage, sur la *sedia gestatoria* et porté triomphalement au chant des hymnes sacrés à la basilique Constantinienne du Sauveur, puis installé dans le palais patriarcal du Latran.[2]

Cependant le duché de Rome n'était point en paix pas plus que les cités qui en relevaient.

Aistulfus, roi des Lombards, menaçait leur sécurité et leur liberté avec plus d'audace encore que ne l'avaient fait ses prédécesseurs.

— Partez, dit Etienne à son frère le diacre Paul et au primicier Ambroise, allez vers Astolphe, voici de riches présents, négociez la paix à tout prix.

---

il figure annuellement sur la liste officielle des pontifes publiée par le *Diario Romano*. Il mourut le 20 mars 752.

Signalons en passant une particularité du règne de S. Zacharie. C'est la frappe des premières monnaies pontificales. Mozzoni, dans ses *Tables Chronologiques* en a reproduit les spécimens frappés au nom de Grégoire III et de Zacharie. Elles sont en cuivre et carrées, chaque face porte une croix ; l'une des faces porte en outre le nom du pape et l'autre celui de S. Pierre. Ce n'était pas de vraies monnaies de circulation, sans doute, mais probablement des jetons de charité. Les noms des papes et celui de S. Pierre y sont au génitif : *Gregorii papæ, Zachariæ papæ, Sancti Petri.* Il faut sous-entendre le mot *eleemosyna*, dit Mozzoni, c'était l'aumône de S. Pierre, de Grégoire, de Zacharie, aux pauvres de Rome et du monde entier.

(1) Cités dans les actes des deux conciles réunis à Rome par S. Zacharie, et désigné ainsi : *Etienne, prêtre du titre de S. Chrysogone.*

(2) *Liber Pontificalis.* On sait que l'usage de porter solennellement les pontifes romains sur la *sedia* remonte à S. Pierre et s'est toujours perpétué.

Ils partirent et le roi des Lombards, séduit par la vue des largesses pontificales, les accueillit courtoisement et, pour paraître mériter ces riches cadeaux, consentit à signer un traité de paix de quarante ans avec le duché de Rome.

Quatre mois s'écoulèrent. Tout à coup, la tranquille confiance dont jouissait l'Italie s'évanouit comme un songe.

Tel un lion rugissant sortant de son antre, écumant d'une rage nouvelle après avoir dévoré les restes de sa dernière proie, Astolphe, parjure aux engagements du traité qu'il avait volontairement signé, adressait au pontife et au peuple romain les plus terribles menaces.

— Le duché de Rome, disait-il, doit relever naturellement de notre couronne et c'est en vain que les Romains voudront se soustraire à notre autorité souveraine. Qu'ils la reconnaissent donc, comme ils le doivent, qu'ils nous remettent toutes leurs places fortes et qu'ils nous paient un tribut annuel d'un solidus d'or[1] par habitant, sans quoi j'envahirai toute la province romaine et je la soumettrai sans retour.

Cette proclamation féroce répandit la terreur dans la ville éternelle et dans toute la province romaine.

En l'apprenant, le pape s'émut profondément et songea aussitôt à arrêter cette tempête.

Il manda au palais apostolique les vénérables abbés Optat du Mont-Cassin et Azzo de Saint-Vincent au Vulturne.[2]

C'étaient les deux plus illustres représentants de l'ordre Bénédictin, et Etienne les avait choisis pour légats près d'Astolphe dans l'espoir que le souvenir de son frère et prédécesseur Ratchis qui, abdiquant la couronne venait d'embrasser la règle de saint Benoît, ferait plus favorablement accueillir leur mission par le farouche roi des Lombards.

(1) Le *solidus* d'or valait environ quatre-vingt-dix francs de notre monnaie actuelle.

(2) D'après Muratori, *Annales italiennes*, an. 752.

— Allez, leur dit le pape, ne négligez rien avec l'aide de Dieu et priez, suppliez ce roi cruel de renouer son alliance avec le peuple romain et de rendre la paix au peuple de Dieu.

Ils partirent. Mais à peine arrivés, Astolphe les regarda avec la dernière expression de mépris. Non seulement il ne voulut pas les entendre, mais dans le but de les empêcher même de rendre compte de leur mission au pontife, il les fit reconduire outrageusement et directement sous escorte militaire à leurs monastères.

Etienne apprit bientôt ce qui venait de se passer et, dans sa douleur, ordonna des litanies expiatoires dans toute la ville de Rome pour implorer la miséricorde du Dieu tout-puissant qui tient entre ses mains le sort des peuples et des rois.

Une lueur d'espérance sembla percer alors les nuages épais de ce sombre ciel politique.

On apprit que Constantin V, empereur de Byzance, ayant connu ces dangers, venait d'envoyer à Rome son silentiaire le patrice Jean chargé de deux lettres impériales, l'une pour le pontife, l'autre pour le roi des Lombards qu'il sommait de cesser toute hostilité et de restituer sans délai à la république romaine les territoires usurpés.[1]

Astolphe tenait alors sa cour à Ravenne.

Etienne y envoya aussitôt le patrice Jean accompagné de son frère le diacre Paul.

Le roi des Lombards accueillit l'envoyé impérial et le légat apostolique avec une bienveillance hypocrite.

— Je me suis sans doute mal exprimé, leur dit-il, et trop avancé dans cette affaire, soyez sans crainte et fiez-vous à moi, retournez à Rome et dites au très saint pape que je vais immédiatement envoyer un ambassadeur à Constanti-

(1) L'exarchat de Ravenne.

nople afin de donner toute satisfaction au très pieux empereur Constantin. Mais le diacre Paul et le patrice Jean ne
furent pas dupe de cette hypocrisie. Ils se retirèrent et
revinrent à Rome annoncer au pape Etienne qu'ils avaient
complètement échoué dans leur négociation.

Cependant Astolphe avait bien envoyé un ambassadeur
à Constantinople, mais il avait eu soin de choisir le politi-
cien le plus fourbe de sa cour.

De son côté, le pontife fit partir, en compagnie du silentiaire impérial le patrice Jean, des légats pour Byzance.

Ils étaient porteurs d'une lettre du pontife invitant et
priant l'empereur Constantin V d'obtempérer enfin aux vœux
du Siège apostolique tant de fois exprimés, et de venir enfin
avec une armée délivrer Rome et l'Italie de l'odieuse et
insupportable tyrannie des Lombards.

Cependant, Astolphe donnait libre cours à toute sa
fureur. Il adressait à Rome menaces sur menaces, jurant
qu'il passerait tous les citoyens au fil de l'épée s'ils ne se
soumettaient à son autorité.

Etienne, accablé de douleur, réunit alors toute la population romaine et dit à ses enfants :

— Je vous en conjure, mes fils bien aimés, unissons,
dans ce péril extrême, nos prières pour implorer la clémence
du Seigneur.

Malgré la grandeur et le poids de nos fautes, Dieu dai-
gnera nous venir en aide. Sa très providentielle miséricorde
saura nous délivrer de la main des persécuteurs.

On commença dans toute la ville des prières solennelles.
Une litanie[1] de pénitence et de supplication fut organisée
avec un cérémonial imposant.

____

(1) On appelait « litanie » ce que nous nommons aujourd'hui procession, parti-
culièrement lorsque cette cérémonie était faite dans un but de supplication ou de
pénitence. Ainsi de nos « rogations. »

En tête de la procession marchait le pape. Il était pieds nus et portait une grande croix à laquelle était fixée une des plus insignes reliques que possédât la ville éternelle.

C'était la célèbre image du Sauveur appelée ἀχειροποίητα. Cette image était celle que l'empereur Heraclius faisait porter avec tant de vénération à la tête de ses armées, dans sa croisade contre Chosroès.

D'après la tradition, c'était le disciple et évangéliste saint Luc, qui, comme il était peintre, avait été chargé de la faire, par les apôtres et la Vierge réunis au cénacle avant la dispersion, afin de conserver à la mémoire des hommes les traits augustes du Sauveur dans sa chair mortelle.

Luc s'était rendu aux instances de tous, et, déjà il avait tracé sur un panneau de bois les premiers linéaments de la divine figure lorsqu'aux yeux de tous, l'image apparut soudain miraculeusement achevée avec les couleurs les plus harmonieuses et la plus parfaite ressemblance. [1]

Nul ne douta que les anges eussent eux-mêmes achevé ce portrait comme s'ils n'eussent pas voulu laisser à la main des hommes l'honneur de reproduire l'auguste visage du Fils de l'Homme dans la personne duquel le Verbe de Dieu avait abaissé sa puissance et reposé son amour.

---

(1) Tradition conservée par *Mantacuccio*, chanoine du Latran au XIIe siècle. L'*achérotype* est peinte sur un panneau de cèdre long de sept palmes et large de trois. (Le palme valait environ 25 centimètres). Le Sauveur y est représenté en pied. Nicolas III couvrit l'achérotype de lames d'argent sur lesquelles il fit placer une reproduction sur toile de la précieuse image, on recouvrit le tout d'une plaque de verre et on l'entoura d'un cadre de bois doré. C'est dans cet état que ce tableau est encore conservé de nos jours à S. Jean de Latran, dans la célèbre chapelle appelée *Sancta Sanctorum* et située au sommet de la *scala santa*. L'image repose dans une tribune fermée derrière l'autel de cette chapelle. On l'expose à la vénération publique aux quatre fêtes de Noël, Pâques, l'octave du S. Sacrement et l'Assomption. Dans les grandes calamités ou à des époques solennelles, on la porte processionnellement du sanctuaire de la *scala santa* à la basilique de Sainte-Marie-Majeure. La dernière procession de ce genre a eu lieu en 1863.

Transportée de Jérusalem à Constantinople, par sainte Hélène, la miraculeuse image avait été apportée ensuite à Rome par le patriarche saint Germain pour la soustraire aux profanations des iconoclastes qui voulaient la détruire, comme le prouve une dégradation faite à l'œil droit du Sauveur par une pierre lancée contre elle dans ce but sacrilège.

A côté de l'image sainte, le pontife avait attaché à l'un des bras de la croix, le traité souscrit l'année précédente par le roi Lombard et si impudemment violé par sa fourberie et sa duplicité.

Après le pontife, venaient de longues files de prêtres portant les reliques des saints derrière lesquelles marchait la foule pieds nus, la tête couverte de cendre, dans les gémissements et les prières.

On alla ainsi du Latran à la basilique de Sainte-Marie *ad prœsepe*.

Arrivé là, le pontife détacha de la croix le traité d'Astolphe avec les romains et, devant tout le peuple, le déchira après avoir de nouveau invoqué la protection divine.

Depuis ce jour-là, le pape réunissait souvent les prêtres et le clergé de Rome au palais de Latran pour les exhorter à méditer les Ecritures et les ouvrages des Pères, afin de soutenir vigoureusement toutes les luttes de doctrine, et lui-même instruisait le peuple avec ardeur.

Tous les samedis, une solennelle litanie se dirigeait du Latran tantôt à Sainte-Marie *ad prœsepe*, tantôt à la basilique du bienheureux Pierre apôtre, tantôt à Saint-Paul-hors-les-murs.

Tous les martyrs, patrons de la ville de Rome étaient, en même temps, invoqués avec ardeur.

Mais le farouche roi des Lombards était sourd à toutes les supplications. Le pape avait épuisé en vain pour le fléchir toutes les instances et jusqu'aux dernières ressources du trésor de l'Eglise.

L'avenir restait sombre et terrible, Ravenne était toujours entre les mains du voleur couronné, l'Italie et Rome menacées par ses armes et le pape impuissant à sauver le troupeau que Dieu lui avait confié, n'avait même pas la ressource d'espérer que devant l'imminence du danger, l'empereur de Byzance se déterminerait à secouer sa torpeur et sa lâcheté.

Le pape comprit qu'il ne lui restait qu'une ressource; c'était de faire appel aux Francs pour l'amour de l'Eglise et de la liberté.

LE VOYAGE PONTIFICAL.

L'armée lombarde occupait toutes les villes de la province romaine et gardait toutes les routes. Nulle ambassade ne pouvait donc tenter le passage sans être arrêtée par les soldats d'Astolphe.

Le pape comprit qu'il lui serait inutile et dangereux d'envoyer officiellement des légats auprès du roi des Francs.

Mais la Providence vint à son secours.

Elle envoya au pape un pèlerin de la nation des Francs qui se chargea de porter à Pépin les lettres du pontife.

Etienne y suggérait au roi des Francs l'idée d'envoyer à Rome des ambassadeurs chargés en son nom d'inviter le pape à se rendre en France. C'était là, en effet, le seul moyen de conférer librement.

Pépin comprit toute la gravité de la situation, et il chargea le vénérable Drochetegang, abbé de Jumièges, d'aller à Rome assurer le pontife de toute sa bonne volonté.

Cependant, redoutant tout des Lombards, le roi des Francs envoya par d'autres routes un second messager chargé de confirmer ce que le premier aurait dit ou de le remplacer le cas échéant.

Les deux envoyés arrivèrent sans encombre à Rome, malgré la vigilance des Lombards, et rendirent un compte exact de leur mission au pontife.

L'armée lombarde, pendant ce temps-là, resserrait autour de Rome son cercle de fer; Astolphe venait de s'emparer encore d'une nouvelle proie, la ville de Ceccano, appartenant au Saint-Siège.

En ce moment-là, le silentiaire Jean revint de Constantinople avec les légats qu'Etienne y avait envoyés en sa compagnie.

Jean apportait un nouvel ordre impérial par lequel l'empereur de Byzance enjoignait à Astolphe d'avoir à remettre sans délai entre les mains du pape, la ville de Ravenne et les autres cités de la province romaine.

Aussitôt, Etienne envoya au roi Astolphe un messager chargé de lui demander pour le silentiaire impérial et pour lui-même un sauf-conduit.

Le roi des Lombards l'accorda aussitôt. Par une coïncidence providentielle, en même temps que se présentait au pape le porteur de ce sauf-conduit, arrivaient aussi deux hommes qui se prosternèrent devant le pontife et lui dirent :

— Très saint pape, nous sommes Drochetegang, évêque de Metz, et le duc franc Autchaire. Nous venons de la part du très puissant roi Pépin, notre maître, vous chercher pour vous amener en France sous notre escorte et notre protection.

Etienne rendit grâces à Dieu. Quoique souffrant d'une maladie chronique, il se prépara à partir.

Après avoir consolé le peuple qui gémissait sur son passage et l'avoir recommandé à Dieu et aux saints apôtres Pierre et Paul, il sortit de Rome le quatorzième jour du mois d'octobre de l'an 753, accompagné par une escorte de patriciens, de prêtres et de clercs choisis dans chacun des ordres de la hiérarchie ecclésiastique et par un bataillon de la milice romaine.

Ils arrivèrent un soir à la frontière lombarde au quarantième milliaire de Rome. Le ciel était obscur, lorsque, tout à coup, un météore pareil à un globe de feu traversa l'air du nord au sud. On eut dit que, venant des Gaules, il se dirigeait vers la Lombardie.

Cependant, le duc franc, Autchaire, avait pris les devants jusqu'à Pavie, afin de prévenir le roi Astolphe de la prochaine arrivée du pontife.

A cette nouvelle, le roi des Lombards entra dans une violente colère. Il répondit qu'il allait envoyer des courriers au pape.

Ceux-ci partirent aussitôt, en effet, et dirent au pape de sa part :

— Ne soyez pas assez audacieux pour prononcer en présence du roi notre maître, une seule parole ayant trait à la restitution de Ravenne et des autres cités de la République, dont lui et ses prédécesseurs se sont emparés et qu'ils sont décidés à garder.

— Dites à votre maître, répondit Etienne avec fermeté, que ni les menaces ni la violence ne m'empêcheront de parler comme c'est mon devoir de le faire.

Et le cortège pontifical se mit en route pour Pavie.

Arrivé dans cette ville, le pape vint trouver le roi, lui offrit les présents d'usage, et, aussitôt après, entrant dans le vif de la question, lui fit part de l'objet de son voyage et le supplia de restituer les provinces qu'il avait usurpées.

Le farouche voleur l'écouta, mais refusa de se rendre aux réclamations du pontife.

Alors, le silentiaire Jean demanda audience à son tour, et remit au roi des Lombards les lettres de l'empereur de Byzance.

Astolphe déclara que ni le pape ni l'empereur ne lui feraient renoncer à ses droits de conquête sur les provinces en litige.

Les ambassadeurs Francs vinrent à leur tour et dirent au roi des Lombards.

— Illustre seigneur, le très saint pontife et le patrice Jean ont rempli près de vous chacun leur mission, permettez maintenant que nous remplissions la nôtre.

— Qui êtes-vous? demanda le roi des Lombards.

— Nous sommes envoyés par notre très glorieux maître et seigneur Pépin, roi des Francs, afin de vous faire savoir que le très saint pape Etienne a résolu de faire un voyage en France sous la protection du très puissant seigneur Pépin notre maître. Maintenant que sa conférence avec vous est terminée, veuillez lui permettre de continuer son voyage.

— Que dites-vous? murmura Astolphe d'un air subitement soucieux. Je ne savais pas que le très saint pape eut l'intention de voyager dans le pays des Francs. Laissez-moi m'entretenir encore avec lui, car notre conférence n'est pas entièrement terminée.

Sur ces entrefaites parut Etienne.

— Quoi! lui dit Astolphe, votre charité apostolique veut, me dit-on, poursuivre sa route, jusque dans le pays des Francs. Ce que l'on me dit est-il vrai?

— Prince, répondit Etienne, ce que l'on vous a dit est vrai. Je vais chez les Francs, fils aînés et bénis de la sainte Eglise de Dieu, demander au nom de Notre-Seigneur Jésus-Christ et des saints apôtres Pierre et Paul, aide et protection au puissant seigneur Pépin, roi des Francs, contre les loups acharnés qui dévastent la vigne et le troupeau du Seigneur; contre ceux qui n'ont pas le sens de la justice et que les plus justes réclamations ne peuvent fléchir.

En entendant ces paroles, Astolphe frémit de rage comme un lion pris au piège.

Il comprit que le plus sage parti était de gagner du temps et leva son audience.

Cependant, les jours se succédèrent pendant lesquels le

roi lombard ne cessa d'envoyer ses confidents au pontife pour l'engager à renoncer à son projet.

Enfin, dans une audience solennelle, en présence de l'évêque Drochetegang, Astolphe, s'adressant au pape, lui demanda :

— Votre seigneurie apostolique persiste-t-elle toujours dans son intention de faire le voyage de France?

— Si vous êtes résolu à me rendre la liberté, répondit Etienne, je suis moi-même résolu à faire ce voyage et je ne reviendrai pas sur ma décision fermement prise.

Alors, d'un ton où la politesse de cour se mêlait à la fierté gauloise consciente de sa force, le duc Autchaire demanda :

— Est-ce que le très saint pape et seigneur apostolique est prisonnier du très illustre roi des Lombards? Voilà ce que notre magnanime maître et seigneur Pépin, roi des Francs, voudrait savoir.

Astolphe comprit le sous-entendu et s'écria :

— Oh! non, non! jamais je n'ai songé à retenir prisonnier le très saint pape. Le seigneur apostolique est libre.

C'était tout ce qu'il s'agissait de savoir.

Le pape choisit parmi le clergé romain qui l'avait accompagné, les évêques Georges d'Ostie et Villarius de Numentum;[1] les prêtres Léon, Philippe, Georges et Etienne; l'archidiacre Théophylacte, les deux diacres Pardus et Gemneulus, ce dernier confident et chargé d'affaires de l'évêque de Mayence, Boniface, à Rome, le primicier Ambroise, les diacres régionnaires Boniface, Léon et Christophe.

En leur compagnie et avec son escorte, le pontife quitta Pavie le 10 novembre 753 et prit la route de France.

A peine le convoi pontifical fut-il parti, qu'Astolphe qui ne pouvait se résoudre à voir ainsi le pape lui échapper pour

---

(1) Ville de la Sabine, sur l'Allia, qui a donné son nom à la porte de Rome et à la voie appelées Nomentane, qui allait rejoindre la voie Salaria. (Darras.)

aller appeler contre lui la vengeance du roi des Francs, lui envoya messagers sur messagers pour l'engager à revenir conférer de nouveau avec lui à Pavie.

Mais toutes ces fourbes démarches n'eurent d'autre résultat que de hâter la marche du pontife.

Etienne voyagea avec une grande rapidité jusqu'à Cluses, ville frontière des Francs.

Là, le pape et toute sa suite s'arrêtèrent et rendirent grâces à Dieu de l'heureuse issue de cette partie de leur voyage.

De son côté, Pépin avait envoyé à la rencontre du pontife, au monastère de Saint-Maurice, [1] une ambassade solennelle. Les ambassadeurs étaient Fulrad, abbé de Saint-Denys, et le duc Rothal, accompagnés d'une somptueuse escorte.

Ils rendirent au pape les plus magnifiques honneurs et traversèrent avec lui la France pour l'amener au roi qui se trouvait alors à sa villa de Pons-Ygonis. [2]

A cent milles de là, le pape trouva le fils aîné de Pépin, le prince Charles, qui était venu à sa rencontre avec une escorte d'*optimates*.

Pépin lui-même, avec la reine Berthe, ses autres enfants et toute sa cour, s'avança au-devant du pontife jusqu'à trois milles de la villa royale.

Quand parut le pape Etienne, le roi des Francs descendit de cheval, se prosterna à terre avec sa femme, ses enfants et toute sa cour, et reçut la bénédiction émue du pontife, puis il voulut se placer à côté de l'écuyer du pape, comme pour faire fonction de courrier.

Les yeux du pontife, pleins de larmes, se levèrent au ciel et il chanta d'une voix remplie d'émotion, la première phrase du cantique d'actions de grâces :

(1) A Agaume.

(2) Ponthion, à dix kilomètres de Vitry-le-François (Marne). C'est aujourd'hui un village de 400 habitants.

— Nous te louons, Seigneur! nous te confessons, Dieu, Père Eternel que vénère l'univers!

Alors, un chœur immense de voix continua le chant de la reconnaissance, et ce fut au milieu de ces accents sacrés que l'on arriva au palais de Pons-Ygonis, le 6 janvier 754, fête de l'Epiphanie.

Le pape et le roi entrèrent dans l'oratoire du palais et prirent place chacun sur un trône qui leur avait été préparé.

Alors, tenant à la main un exemplaire du fameux traité qu'il avait solennellement déchiré à Rome, le pontife, s'adressant au roi très chrétien, le supplia avec larmes de prendre en main la cause du Saint-Siège et de la république romaine, en faisant exécuter par Astolphe les traités de paix récemment conclus.

Le roi Pépin accueillit cette requête. Il jura solennellement qu'il aiderait de tout son pouvoir le pape à faire rendre par les Lombards l'exarchat de Ravenne et toutes les provinces et les cités usurpées par eux sur la république des Romains.

Le pape ne demandait pas à Pépin de venir mettre pour sa cause et celle des Romains l'Italie à sang et à feu, ce qu'il sollicitait, c'était une intervention pacifique.

Pépin s'y engagea de grand cœur, mais il ne pouvait se dissimuler que la diplomatie serait sans doute impuissante et que l'argument de la guerre devrait être probablement employé.

Il mit donc sa vaillante épée à la disposition du pape et s'engagea à ne la tirer que sur son consentement exprès.

On résolut de commencer par les moyens diplomatiques et une ambassade fut envoyée à Astolphe pour lui demander, au nom des bienheureux apôtres Pierre et Paul, de cesser ses incursions hostiles sur le territoire de Rome et le prier, au nom du roi des Francs, de ne plus faire peser sur les Romains des charges illégales et arbitraires.[1]

(1) Frédégaire, *Chroniques continuées*, IV⁰ partie.

III

De grands événements allaient se dérouler en France.

L'hiver sévissait avec rigueur. Le pape Etienne partit pour le monastère royal de Saint-Denys où le roi l'accompagna et vint résider avec toute sa cour.

A peine arrivé, le pape épuisé par les fatigues et les émotions de ce long voyage était tombé gravement malade d'une fièvre si violente, que ses clercs et tous les Francs désespéraient de le sauver.

Mais la Providence veillait paternellement sur le pontife. Le jour même où la fièvre était la plus forte, le pape se leva miraculeusement guéri.

Aussitôt, il reprit ses conférences avec le roi.

Pépin, déjà sacré à Soissons par Boniface, demanda au pape de renouveler avec un grand éclat cette cérémonie d'investiture sacrée et d'y associer ses deux fils, Charles et Carloman.

Ce nouveau sacre devait avoir surtout pour effet, d'établir l'hérédité royale dans la famille des carlovingiens et de remplacer, par cette forme régulière de transmission du pouvoir suprême, la coutume électorale des mérovingiens.

Mais Etienne n'était pas venu en France sans savoir d'avance ce qui se passait à la cour.

— Je sacrerai le seigneur roi des Francs, dit-il, et j'associerai à sa consécration ses deux fils, mais en même temps, je couronnerai avec les bénédictions du Saint-Esprit la reine Berthe.

Pépin, en entendant ces paroles, devint soucieux.

Pas plus que Charles-Martel ou Pépin d'Héristal, son père et son aïeul, il n'avait su porter fidèlement le joug sacré du mariage et, comme jadis Plectrude, la reine Berthe n'avait plus que le second rang dans le cœur de son époux.

Pépin le Bref avait oublié ses devoirs pour une anglo-saxonne, jeune et belle épouse du leude Théodard.

Et même il avait songé à demander au pontife de prononcer canoniquement son divorce.

Etienne le savait et il prenait les devants.

— Seigneur roi, dit-il à Pépin, vous avez péché comme David et, comme le prophète Nathan, le Seigneur m'envoie vous reprocher votre crime. Certes, je puis craindre que ce que vous appellerez peut-être ma sévérité, n'opère dans votre esprit un revirement fatal à la cause de l'Eglise et du peuple romain pour lesquels je sollicite votre appui, mais je ne puis aller contre la parole même du Seigneur, qui a prononcé que l'homme et la femme doivent être deux en une seule chair et que nul homme n'a le droit de séparer ce que Dieu a uni.

« Si vous voulez que les bénédictions du ciel tombent sur votre tête, si vous voulez que votre règne soit prospère, que vos fils vous succèdent et que le Seigneur se serve de votre dynastie pour ses grands actes, soumettez-vous à ses lois, faites pénitence, séparez-vous de votre péché. Notre-Seigneur Jésus-Christ et les bienheureux apôtres Pierre et Paul me sont témoins, que ce n'est pas le pauvre pécheur Etienne qui vous parle mais le bienheureux Pierre, par ma bouche et selon la parole même du Seigneur. »

Pépin, loin de se fâcher de ce langage ferme et saint, courba la tête sous la honte de son péché, comme David devant les reproches de Nathan, comme Théodose devant la sévérité d'Ambroise.

La femme coupable fut reléguée au monastère de Bezua,[1] où elle devait renouveler les désordres dont elle avait donné le spectacle à la cour et mourir frappée par le feu du ciel.[2]

Rien ne s'opposait plus dès lors au sacre du chef de la première monarchie héréditaire des Francs et le monastère de Saint-Denys se prépara à être le théâtre de cette imposante et mémorable cérémonie.

La Providence permit que le récit de cet événement parvint jusqu'à nous, par un procédé singulier.

Quelque temps après, un des religieux de l'abbaye de Saint-Denys, scribe de talent et copiste habile, mettait tous ses soins à transcrire l'ouvrage de saint Grégoire de Tours *De la gloire des Confesseurs*, et il voulut dater son travail; peut-être lui restait-il une dernière page blanche de vélin sur laquelle il écrivit :

« Si tu veux, lecteur, savoir à quelle époque fut achevée la transcription de cet ouvrage consacrée à la gloire des saints, tu trouveras pour date l'an de l'incarnation de Notre-Seigneur 767, indiction v[e] la xvie année du règne très heureux, très paisible, du catholique Pépin, roi des Francs et patrice des Romains, fils du prince Charles-Martel de bonne mémoire; la xiiie du règne de ses deux fils Charles et Carloman qui, par la disposition de la divine Providence, et par l'intercession des saints apôtres Pierre et Paul, reçurent ainsi que leur glorieux père, le sacre du saint chrême des mains du très bienheureux seigneur Etienne, pape de sainte mémoire.

---

(1) Bèze, près de Langres.

(2) Dit Jean le Moine, *Chroniques de Bèze, Patrol. lat.*, t. CLXII.

» Déjà, trois ans auparavant, le très florissant seigneur Pépin, roi pieux, par l'autorité et le commandement du seigneur pape Zacharie de bienheureuse mémoire, avait reçu l'onction de la main des évêques, lorsque, par l'élection des Francs, il fut porté au trône royal.

» Le souverain pontife Etienne la lui renouvela dans l'église des bienheureux martyrs Denys, Rustique et Eleuthère, à laquelle préside avec gloire le vénérable archiprêtre et abbé Fulrad.

» Il lui conféra, outre le titre de roi, celui de patrice des Romains ; il le sacra au nom de la Trinité sainte, lui et ses deux fils, Charles et Carloman.

» Le même jour et dans la même église, la reine Berthe, épouse du très florissant roi, cette princesse très noble et très pieuse, si profondément dévouée au culte des saints martyrs, patrons de cette abbaye, fut revêtue des insignes royaux et reçut au nom de l'Esprit septiforme la bénédiction apostolique.

» Après avoir béni les princes et les leudes francs, le vénérable pontife leur enjoignit, sous peine d'interdit et d'excommunication, de ne jamais choisir que des rois issus de la race de Pépin, de maintenir le sceptre dans une famille que la miséricorde divine a daigné exalter, que les saints apôtres ont confirmée et consacrée, par les mains du très bienheureux pontife leur vicaire.

» J'ai voulu inscrire cette note à la dernière page de mon manuscrit, afin de transmettre à la postérité, dans toute la suite des âges, le souvenir d'un si grand événement.[1] »

Ainsi ce fut le pape qui établit en France l'hérédité monarchique qui devait donner à la fille aînée de l'Eglise mille ans de prospérité et de gloire.

(1) *Patrol. lat.*, t. LXXI. — Cette note a été publiée par dom Ruinard avec les œuvres de Grégoire de Tours en 1699. Le manuscrit du VIIIe siècle à la fin duquel elle était consignée, était alors la propriété de la bibliothèque des Bollandistes à Anvers. (Darras.)

IV

LE MIRACLE ET LA RECONNAISSANCE PONTIFICALE.

Le pape Etienne, guéri miraculeusement au royal monastère, voulut lui laisser un témoignage de sa reconnaissance
envers la protection du Ciel, et il écrivit lui-même en forme
de diplôme et dans tous ses détails, le récit de sa guérison due
à l'intercession du bienheureux patron de la France.

Ce diplôme est ainsi rédigé :

« Etienne, évêque, serviteur des serviteurs de Dieu.

» Bien que nul ne doive se glorifier soi-même, cependant,
il n'est pas permis d'ensevelir dans l'oubli et le silence, les
faveurs que Dieu accorde par l'intercession des saints, sans
aucun mérite de la part de ceux qui en sont l'objet.

» Il y a, au contraire, selon la parole de l'ange à Tobie,[1]
obligation de les publier.

» Forcé par l'atroce tyrannie du roi parjure Astolphe,
oppresseur de la sainte Eglise, de venir implorer le secours
du roi très chrétien des Francs, le seigneur Pépin, fidèle
serviteur de saint Pierre, je passai quelque temps dans le
pagus Parisiacus, au vénérable monastère du bienheureux
martyr Denys.

_____

(1) C'est un honneur d'avouer et de publier les œuvres du Seigneur. (Tobie, xii, 7.)

» Là, je fus atteint d'une maladie mortelle. Les médecins désespéraient de me sauver, quand je me fis transporter à l'église du bienheureux martyr; on me déposa à l'entrée, sous les cloches, et je priai avec ferveur.

» Tout à coup, en avant de l'autel, je vis le bon Pasteur de l'Eglise, le seigneur Pierre, ayant à sa gauche le Docteur des nations, le seigneur Paul.

» Je les reconnus l'un et l'autre, à leur visage et à leur costume traditionnels.

» A la droite du seigneur Pierre, se tenait un vénérable vieillard, à la taille mince et élancée, aux traits majestueux. Son visage encadré de cheveux blancs, respirait la grâce et la douceur. Un *colobium* d'une éclatante blancheur et garni d'une bordure de pourpre flottait sur ses épaules.

» C'était le trois fois bienheureux seigneur Denys.

» L'apôtre Pierre, en me désignant du geste, dit au seigneur Paul :

» — Voici que notre frère demande la santé.

» Le bienheureux seigneur Paul répondit :

» — Il va la recouvrer à l'instant.

» Et, s'approchant du seigneur Denys, il lui posa la main sur le bras, comme pour l'inviter à me guérir.

» Pierre, alors, dit au bienheureux martyr :

» — C'est vous, Denys, qui devez accorder cette faveur.

» Après cette parole, Denys, tenant une palme de la main gauche et de la droite un *thuribulum* où fumait l'encens, se dirigea vers moi escorté d'un prêtre et d'un diacre qui se tenaient à ses côtés.

» — Paix à toi, mon frère, me dit-il, ne crains rien, tu ne mourras pas avant d'être retourné heureusement à ton siège. Lève-toi, tu es guéri; célèbre une messe d'actions de grâces et consacre l'autel de cette basilique en l'honneur de Dieu et des apôtres Pierre et Paul.

» En parlant ainsi, il avait une douceur et une majesté incomparables.

» Quand la vision disparut, je me levai, j'étais guéri.

» Je voulus aussitôt célébrer la messe. Les clercs qui m'entouraient n'avaient rien vu ni entendu. Ils crurent que j'avais le délire.

» Bientôt, cependant, je pus raconter au roi et à ses *optimates*, la vision céleste et la guérison miraculeuse qui en fut la suite. J'accomplis alors la double prescription qui m'avait été imposée.

» Béni soit le Dieu tout-puissant.[1] »

A la suite de ce miracle, Etienne avait consacré le maître-autel de la basilique de Saint-Denys en l'honneur des apôtres Pierre et Paul.[2]

Le pontife aimait à appeler le bienheureux martyr du Christ, Denys, son protecteur et son sauveur.

Il voulut que l'abbaye royale de France eut à Rome une succursale près de la basilique de Saint-Pierre et, dans ce but, il remit à l'abbé Fulrad un diplôme qui lui conférait l'administration de l'hospice romain de saint Léon avec la maison dite de saint Martin et toutes leurs dépendances.

Par un privilège apostolique dont l'étendue était jusque-là sans exemple, en confirmant l'immunité ecclésiastique déjà accordée au monastère royal par saint Landry, il exemptait pour l'avenir de toute juridiction épiscopale, les monastères que Fulrad et les abbés de Saint-Denys, ses successeurs, érigeraient sur les divers points du territoire des Gaules, voulant qu'ils relevâssent exclusivement du Saint-Siège qui, seul, serait juge des procès qui pourraient venir en cause de quelque part que ce fut, avec l'abbaye ou ses colonies monastiques.

(1) Etienne, *Révélation, Patrol. lat.*, t. LXXXIX.

(2) En 754. Chaque année, le 27 juillet, on célébrait solennellement dans l'abbaye l'anniversaire de cette consécration.

Que Dieu et Carloman vous pardonnent, murmura humblement
le religieux, humble encore sous l'outrage. (P. 104.)

Le pape donna, en outre, à Fulrad, le pouvoir de consacrer les pierres d'autel et le saint chrême. Il alla plus loin encore et prit à l'égard de l'abbé de Saint-Denys une mesure protectrice d'ordre singulier par cette clause :

« Par l'autorité du bienheureux Pierre, prince des apôtres, nous interdisons à tout concile d'évêques ou réunion de laïques d'oser, sans votre assentiment et celui de notre très excellent fils, le roi Pépin, vous sacrer évêque.[1] »

Et cela sous peine d'anathème contre les violateurs de ce privilège. A cette époque, en effet, c'était le suffrage du clergé et surtout du peuple qui appelait par acclamation à l'épiscopat les hommes connus pour leurs vertus ou populaires par leurs bienfaits.

Fulrad occupait une situation si en vue, que toutes les églises des Gaules eussent porté sur lui leurs suffrages ; l'abbé de Saint-Denys eût été désarmé et sans défense contre le vœu inconsidéré du peuple qui, pour le posséder, n'eut pas craint d'enlever à son poste éminent un homme qui rendait là d'inappréciables services à l'Etat et à l'Eglise comme archichapelain du palais et conseiller et ami du roi.

Mais, en même temps, par une autre constitution pontificale, le pape Etienne concédait à l'abbé de Saint-Denys l'usage des insignes et des ornements épiscopaux.[2]

Enfin, pour rehausser l'éclat des cérémonies liturgiques à l'autel de la basilique du monastère, Etienne ordonna, par un décret spécial, que six religieux choisis parmi les plus vénérables assisteraient l'officiant en qualité de diacres et revêtus de dalmatiques d'honneur.

---

(1) Etienne III, *Præceptum, Patrol. lat.*, t. LXXXIX.

(2) Etienne, *Ep. X.* — Les abbés de Saint-Denys ont toujours été, sous la monarchie française, de très grands personnages.

V

Les ambassadeurs du roi des Francs étaient, pendant ce temps-là, arrivés à Pavie et ils avaient rempli leur mission auprès du roi des Lombards.

Astolphe comprit bien que la partie engagée était sérieuse et grave et qu'il ne se tirerait pas sans dommage de ce pas difficile.

Il chercha donc dans les ressources de sa fourbe politique une ruse nouvelle, et il trouva un ingénieux moyen d'embarrasser le pape et le roi des Francs, et, sinon de gagner sa cause, du moins de retarder le plus possible la liquidation de ce grand débat entre le droit et l'iniquité.

Il envoya chercher l'abbé du Mont-Cassin et, lorsque celui-ci fut arrivé en sa présence, il lui dit :

— Seigneur abbé, nous attendons de vous une aide nécessaire dans les difficiles conjonctures que nous traversons. Vous savez que le seigneur pape est parti en France, malgré nos objurgations, afin d'armer contre nous le roi des Francs, Pépin. Il y a là un malentendu qui ne peut se prolonger sans dommage pour tout le monde.

« Le roi des Francs m'a envoyé des ambassadeurs avec

lesquels je n'ai pu m'entendre; mes raisons ne sont pas comprises. Vous avez parmi vos moines le propre frère du roi des Francs, le seigneur Carloman qui, en vertu de ses vœux, vous doit obéissance parfaite, comme vous nous la devez vous-même. Ma volonté est que vous envoyiez en France le seigneur-moine Carloman auprès du seigneur-pape et du roi son frère, afin de négocier la paix et la réconciliation entre les Lombards et les Francs. »

L'abbé du Mont-Cassin, redoutant les violences du vainqueur, eut la faiblesse de se soumettre à cette artificieuse exigence.

Carloman reçut l'ordre de partir pour la France.

A ce moine retiré du monde et ignorant la véritable situation politique, Astolphe ne donna pas d'autre mission que de réconcilier les Francs et les Lombards, pensant illusoirement échapper au péril d'un refus de justice catégorique et se créer près de Pépin le Bref un auxiliaire puissant.

C'était insulter au génie politique de Pépin et essayer de salir la gloire de la France du VIIIe siècle.

La perfidie d'Astolphe n'avait d'égale que la bonne foi de Carloman.[1]

Le prince-moine se mit en route et arriva en France. Pépin le Bref et le pape étaient à Carisiacum,[2] où il leur fit part des termes de son message.

Le roi des Francs et Etienne l'accueillirent avec bonté et lui firent toucher du doigt la vraie situation, et la fourberie d'Astolphe.

Ensuite, d'un commun accord, ils convinrent que le prince-moine ne pouvait retourner au Mont-Cassin et il se retira dans un monastère voisin.

Pépin réunit alors à Carisiacum la grande assemblée des

(1) Eginhard, *Annales.*
(2) Quiercy-sur-Oise.

Francs à laquelle assistait toute la hiérarchie ecclésiastique du royaume.

Le pape exposa de nouveau tous ses griefs et ceux de l'Italie contre le roi des Lombards et l'on discuta sur la conduite à tenir au cas où Astolphe, persistant dans son orgueilleux déni de justice, forcerait l'épée de la France à sortir du fourreau.

Nul ne doutait d'ailleurs du succès de la lutte et la victoire certaine n'était pas en question.

A cette époque, aucune nation européenne ne pouvait se vanter d'avoir vaincu les Francs de Clovis et de Charles-Martel. Déclarer la guerre c'était d'avance triompher.

Mais quel usage les Francs vainqueurs allaient-ils faire de leurs nouvelles conquêtes.

Telle était la question.

« Pères d'un peuple en péril, les papes avaient le droit de demander pour lui asile et protection au roi des Francs, quand l'empire les abandonnait.[1] »

« Tout le monde convient que les sujets d'un monarque, lorsqu'ils se voient sur le point de périr sans avoir aucun secours à attendre de leur souverain, peuvent se soumettre à un autre prince.[2] »

« Aucune partie de l'Etat n'a assurément le droit de se détacher du corps, à moins que, sans cela, elle ne soit manifestement réduite à périr; car tous les établissements humains semblent renfermer l'exception tacite du cas d'une extrême nécessité qui ramène les choses au seul droit naturel.[3] »

« Parmi toutes les nations, on a mieux aimé se soumettre au joug d'un vainqueur que d'être exterminés en s'exposant

---

(1) Cardinal Matthieu, *Le pouvoir temporel des papes justifié par l'histoire.*
(2) Prefendorf.
(3) Grotius.

aux derniers actes d'hostilité. C'est comme la voix de la nature.[1] »

Le jour où les Francs auraient repris sur Astolphe l'exarchat de Ravenne, dont le roi des Lombards avait dépouillé le lâche empereur de Byzance, l'exarchat, selon le droit de la guerre, devenait leur propriété légalement.

Ils seraient libres, alors, ou de le garder pour eux-mêmes, ou de le rendre à l'empereur grec ou d'en investir le Saint-Siège.

Tels furent les points sur lesquels conférèrent Pépin et Etienne.

Les circonstances elles-mêmes devaient résoudre la difficulté et indiquer la marche à suivre.

Depuis un siècle, l'empire de Byzance avait abandonné les populations italiennes de l'exarchat aux dévastations des Lombards, et il ne se souvenait de son autorité sur elles que pour les accabler de son odieuse tyrannie.

Les empereurs grecs avaient donc perdu le droit de bénéficier de l'intervention des Francs.

Pépin, de son côté, ne pouvait songer à constituer des provinces françaises au delà des Alpes, sans compromettre les intérêts les plus immédiats de son pouvoir naissant, car il avait assez à faire de se défendre contre les nations germaniques toujours en révolte, les tentatives de son ennemi le duc d'Aquitaine et les projets envahisseurs des Sarrazins toujours prêts à se précipiter sur la Provence.

La Providence faisait donc tout converger vers la troisième solution qui était d'investir le Saint-Siège, sous le protectorat des Francs, des provinces qui allaient être reconquises sur le fourbe roi des Lombards, et à constituer régulièrement le pouvoir temporel des papes.[2]

(1) S. Augustin. — (Citations du cardinal Matthieu.)
(2) Cette investiture souveraine allait d'ailleurs être pour les papes une source

Ce fut dans ce sens que fut dressée à Carisiacum la convention suivante :

« Pacte d'alliance conclu avec le pape Étienne, par le roi Pépin à Carisiacum, du consentement de tous les abbés, ducs et comtes francs.[1]

» Si le Seigneur notre Dieu... nous rend vainqueur de la nation et du royaume des Lombards, nous concédons à vous, bienheureux prince des apôtres et aux papes, vos vicaires à tout jamais, en totalité, sans aucune réserve pour nous ni pour nos successeurs, sauf seulement le bénéfice de vos prières pour notre âme et le titre que vous nous conférez de patrice des Romains, toutes les cités, duchés et châteaux compris dans l'exarchat de Ravenne, ensemble tout ce qui, précédemment, relevait de la domination des empereurs, avec toutes les annexes des territoires aujourd'hui dévastés, envahis, ou de toute autre manière, occupés par la très inique race des Lombards et compris dans l'énumération suivante :

» L'île de Corse toute entière; les domaines de saint Pierre à Pistoie, à Luni, Lucques, le monastère de Saint-Vivien sur le Mont-du-Pasteur, Parme, Regium, Mantoue, Verone, Vicence, Monte-Silice, Bitunea, le duché de Venise et d'Istrie en totalité, avec toutes ses villes, châteaux, bourgs, villas, paroisses et églises; la cité d'Adria, Comacchio, Ravenne

de nouveaux tourments et appeler sur eux la féroce vengeance des Lombards. Étienne, lui-même, invoquera souvent le secours du roi des Francs dans des lettres, selon sa propre expression, « arrosées de sang et de larmes. » (Darras.)

(1) La découverte du texte de la convention de Quiercy-sur-Oise entre Pépin et le pape Etienne III est relativement récente. Il était donc impossible aux défenseurs du pouvoir temporel de produire jusqu'à ces derniers temps aucun titre régulier authentique de possession. On ne connaissait que des allusions relevées çà et là dans la correspondance des papes avec les rois francs. C'était quelque chose, mais cela ne suffisait pas pour prouver rigoureusement la possession légale des états de l'Eglise par le Saint-Siège. C'est un savant paléographe napolitain, Carlo Troya, qui a découvert ce document précieux et a reproduit le texte authentique de la convention de Quiercy-sur-Oise, au tome v, p. 503, n. 681 de son *Codice diplomatico Longobardo*.

avec tout l'exarchat sans aucune exception; l'Emilie, les deux Toscanes, celle des Romains et celle des Lombards; la Pentapole, Montefeltro, Urbino, Cagli, Luceoli, Eugubio, Iesi, Osimo; le duché de Spolète en entier; le duché de Pérouse en entier, Polimarzo... Narni, Utricoli, Marturano, Castrum vetus, Collinovo, Selli, Populonia, Centum-Cellœ,[1] Porto, Ostie; la Campanie intégralement, Anagni, Segni, Frisilio, Piperno, Veroli, Patrica, Castrum-Nebitar, Terracine, Fundi-Spelunca,[2] Gaëte.

" Et si le même Seigneur notre Dieu daigne faire tomber entre nos mains les cités de Bénévent et de Naples, nous les concédons d'avance et intégralement à vous, très bienheureux Pierre, prince des apôtres, avec les provinces déjà nommées, savoir :

« L'Emilie, la Pentapole, les deux Toscanes, le duché de Pérouse, le duché de Spolète avec toutes leurs cités, châteaux, monastères, évêchés, et ainsi en faisons le serment solennel.[3] "

Ce n'était là toutefois qu'une promesse dont la réalisation dépendait entièrement du sort des armes et de la Providence.

Quand la proclamation en fut faite devant les leudes

(1) Aujourd'hui Civita-Vecchia.

(2) Grotta-Ferrata.

(3) Tel est le pacte de Quiercy-sur-Oise contre lequel on a fait le plus possible la conspiration du silence au point qu'un historien, M. Dareste, en le signalant dans son *Histoire de France*, s'y est plaint de ce qu'à la Bibliothèque Nationale de Paris on ne communiquait que le premier fascicule du tome I du *Codice diplomatico Longobardo*, en affirmant que l'ouvrage n'a pas été continué, quoiqu'il ait été achevé.

Quant à nous, qui écrivons ces Fastes, nous y avons demandé communication des *Tables chronologiques* de Mozzoni, qui ont appelé l'attention du monde savant sur la découverte de Carlo Troya; ces tables sont cotées (Inv. H. 2. 156) — Edition française, atlas in-I° illustrés — et nous avons reçu la même réponse, après avoir pu consulter à loisir les trois premiers fascicules de ce très remarquable travail synoptique.

Les archives du Mont-Cassin devaient posséder un exemplaire de cette convention en 1094, car le moine chroniqueur, Léon d'Ostie, avait reproduit l'énumération de ces provinces.

francs assemblés, au milieu des acclamations de la majorité, une note gravement discordante se fit entendre.

— Seigneur roi, dit un des plus puissants leudes; en s'avançant devant le trône royal, ne croyez pas que nous soyons tous consentants à une pareille entreprise. Au nom d'un bon nombre de mes pairs et non des moins puissants, je vous déclare que si quelque suite est donnée à ce projet de guerre en Italie, nous quitterons votre bannière et retournerons dans nos domaines sans vous prêter appui.[1]

Devant cette opposition, Pépin et le pape comprirent qu'il serait dangereux de heurter de front une pareille hostilité quoique émanant du petit nombre.

Pour la vaincre, il n'y avait qu'un moyen à employer, c'était d'obliger le roi des Lombards à sortir de son système de faux-fuyants hypocrites, et de l'amener à montrer sa perfidie au grand jour et même à faire aux Francs une injure assez grave pour irriter leur fierté et provoquer le désir unanime de justes représailles.

Une nouvelle ambassade partit donc pour Pavie.

(1) D'après Eginhard, *Vita Caroli Magni*, ch. vi, *Patrol. lat.*, t. xcvii.

VI

L'INSULTE ET LE BAN DE GUERRE.

Le pape, de son côté, avait déterminé le roi très chrétien à épuiser la douceur, et, obtempérant à ses sages avis, Pépin avait envoyé proposer à Astolphe une alliance pacifique.[1]

Les ambassadeurs arrivèrent à Pavie.

— Que me veut encore le roi des Francs? demanda Astolphe avec impatience.

— Vous offrir de nouveau la paix, répondirent-ils. Nous venons pour vous proposer des mesures conciliatrices de tous les intérêts et pour vous offrir de riches présents si vous voulez consentir enfin en toute justice à l'exécution des traités.

Mais Astolphe qui était renseigné par ses espions sur tout ce qui se passait en France, répondit avec mépris :

— Allez d'abord conseiller au roi des Francs de s'assurer le concours de ses leudes. Votre maître se mêle de choses qui ne le regardent pas et les leudes le savent bien. Retirez-vous et n'ayez pas l'audace d'insister davantage.

Quand la nouvelle de cette insulte arriva en France, Pépin, irrité, décréta aussitôt le ban de guerre.

(1) Dit le *Liber pontificalis*.

Quelque temps après, l'armée des Francs s'avançait vers les Alpes.

Le pape accompagnait le roi et Carloman, le prince-moine, avait profité du convoi militaire pour réintégrer sans danger après la victoire, son monastère du Mont-Cassin. La reine Berthe et ses deux fils suivaient aussi l'armée.

Arrivée à Vienne, l'armée prit ses quartiers à la prière du pontife qui voulait encore envoyer de nouveaux ambassadeurs au roi des Lombards.

Pépin se rendit encore une fois aux désirs du pape et, pour la troisième fois, il envoya vers Astolphe.

Pendant ce temps-là, Dieu visitait Carloman. Une fièvre violente le saisit et il dut prendre le lit.

Les ambassadeurs revinrent de Pavie rapporter à Pépin le résultat de leur mission.

— Le seigneur apostolique, le très saint pape Étienne, avaient-ils dit au roi des Lombards, vous supplie une dernière fois avant qu'il soit trop tard de vous rendre à ses justes réclamations.

Astolphe répondit par des injures contre le pontife.

— Ne me parlez plus du seigneur-pape qui est la cause de tous ces troubles, s'écria-t-il, qu'il rentre dans l'obéissance et qu'il se taise, car je ne lui accorderai d'autre justice qu'un sauf-conduit pour retourner à son siège épiscopal qu'il n'aurait pas dû quitter.

— Prenez garde, seigneur-roi, répliquèrent les ambassadeurs, le seigneur Pépin, le très excellent roi des Francs, a été choisi par la Providence divine pour être le défenseur de la sainte Église romaine et il vous supplie de ne pas prolonger la persécution contre le seigneur apostolique. Le roi Pépin, si vous résistez encore à ses objurgations, entrera en Lombardie avec son armée et il n'en sortira qu'après avoir fait rendre justice au bienheureux Pierre.

— Et quelle justice ai-je donc à rendre? demanda insolemment Astolphe.

— Vous avez, répondirent les ambassadeurs, à restituer la Pentapole, Narni, Ceccano, et à réparer tous les dommages que vous avez causés au peuple romain. Si vous consentez à donner cette satisfaction au bienheureux Pierre, Pépin nous a chargés de vous promettre en son nom douze mille *solidi* d'or.

— Je n'ai pas besoin de l'or du roi des Francs, répondit Astolphe, et je n'ai pas peur de lui. Qu'il entre en Lombardie s'il en a l'audace. J'ai des soldats pour le tenir en respect.

Après une pareille insulte à la nation des Francs et à son roi, tous les leudes approuvèrent la guerre; Pépin se mit en personne à la tête de l'armée qui s'avança vers les frontières.

Le pape Étienne suivait l'armée. Quant à la reine Berthe et à ses deux fils, ils restèrent auprès du prince-moine Carloman, dont l'état inspirait les plus vives inquiétudes.

On était au mois d'août de l'année 755.

À l'approche de l'armée des Francs, Astolphe avait convoqué toutes les troupes lombardes et était venu se poster dans les défilés du val de Suze.

Là, il s'entoura de retranchements et de défenses qui semblaient imprenables, se préparant ainsi à soutenir par les armes l'injustice et les violences qu'il avait exercées contre la république et contre le siège apostolique de Rome.

En voyant ces dispositions hostiles, Pépin crut prudent de s'arrêter avec le gros de son armée à Maurienna.[1]

L'avant-garde des guerriers francs s'engagea alors dans les défilés à travers les roches et les précipices de la montagne.

Leur ascension s'accomplit heureusement et ils parvinrent sans encombre jusqu'au val de Suze.

Astolphe qui s'attendait à voir surgir une armée formi-

(1) Saint-Jean-de-Maurienne en Savoie.

dable, ne put se contenir d'aise en voyant cette poignée de soldats, et il ne douta pas un instant de la victoire.

Il fit prendre les armes à tous ses Lombards et vint fièrement au-devant des Francs pour engager la bataille.

Les guerriers francs comprirent alors la gravité de leur situation, séparés du gros de leurs forces par une formidable muraille de rochers, seuls devant une marée humaine qui allait fondre sur eux.

Mais ils ne pouvaient refuser le combat. Ne comptant ni sur leurs propres forces ni sur aucune chance humaine de secours, ils invoquèrent Dieu et appelèrent à leur aide le bienheureux apôtre Pierre. Des deux côtés, le combat s'engagea avec ardeur. Mais bientôt, les Lombards plièrent, une panique les saisit et ils se mirent à tourner le dos.

Ce fut le signal d'une déroute générale. Toute l'armée, ducs, comtes, chefs et seigneurs, périt en masses avec lui.

Astolphe lui-même, s'échappa à grande peine en gravissant un rocher escarpé et, ramassant les survivants, courut s'enfermer avec eux dans Pavie. Après cette victoire, œuvre véritable de Dieu seul, le roi Pépin avec toute l'armée et la multitude des soldats francs traversa les Alpes.

Le camp retranché des Lombards fut envahi et les richesses immenses en or, en argent et en objets précieux renfermées sous les tentes, tombèrent entre les mains des vainqueurs. Les Francs ravagèrent le pays, brûlèrent les citadelles et arrivèrent sous les murs de Pavie dont ils commencèrent le siège.

Le fourbe Astolphe se jugeant perdu et ne voyant aucun moyen d'échapper à la vindicte des Francs, fit demander la paix par l'entremise du clergé et de quelques seigneurs Francs.

Il promettait au roi Pépin de réparer par une satisfaction complète, toutes les injustices dont il s'était rendu coupable envers l'Eglise romaine et le siège apostolique.

Il donna, en outre, des otages et s'engagea à ne jamais

rien entreprendre contre la puissance des Francs et à ne renouveler aucune tentative hostile contre le Saint-Siège ni contre la république romaine.

Le roi Pépin était miséricordieux et clément. Il consentit à laisser à Astolphe le royaume et la vie.[1]

De son côté, Astolphe remit aux négociateurs francs, la Pentapole, Narni, Ceccano et tout ce qu'il avait pris à saint Pierre. Il compta au roi Pépin la somme de trente mille *solidi* et s'engagea à lui en payer cinq mille annuellement comme tribut de guerre.

Il jura d'accomplir ces clauses et tous les seigneurs de son royaume le jurèrent avec lui pour confirmer son serment.

En outre, et comme garantie, quarante des principaux seigneurs de la Lombardie furent remis comme otages à Pépin. Le roi des Francs remit alors au pape Etienne et lui donna Ravenne, la Pentapole, Narni, Ceccano et toutes leurs dépendances. Le pontife bénit solennellement Pépin et reprit la route de Rome sous la conduite d'une magnifique escorte que lui avait donné le roi des Francs qui, rassemblant son armée, reprit lui-même la route de ses états.[2]

Comme il repassait par Vienne, il trouva la reine Berthe qui priait auprès d'un cadavre, c'était celui de Carloman.

Pépin ordonna que le corps du prince-moine son frère, fut placé dans un cercueil d'or et porté avec des présents, au monastère de Saint-Benoit en Italie.[3]

---

(1) Toute cette narration est de Frédégaire, *Chroniques continuées*, ive partie.

(2) *Anciennes annales des Francs.*

(3) Les historiens modernes, Henri Martin, *Hist. de France*; le comte de Ségur. *Hist. des Carlovingiens*; Gaillard, *Hist. de Charlemagne*; insinuent ou disent ouvertement que Carloman fut assassiné par Pépin ou tout au moins sequestré de connivence avec le pape, et que le silence même des Chroniques sur les détails de cet événement, accusent gravement la mémoire de Pépin.

Les Chroniques du temps n'ont pas garde le silence qui leur est attribué et l'on trouve dans la *Chronique d'Eginhard*, dans les *Annales anciennes des Francs*, les *Chroniques de Lorsch* et celles du Mont-Cassin, écrites par le moine Léon d'Ostie et

Cependant, le pape Etienne avait quitté à regret le roi
des Francs, car, loin de croire à la sincérité du roi des Lombards, il voyait, au contraire, l'avenir plus sombre peut-être
que jamais, et il eut désiré que Pépin occupât l'Italie jusqu'à
l'exécution des clauses du traité. Mais Pépin, plus confiant,
espéra que la sévérité de la leçon servirait à Astolphe et,
voyant venir l'hiver, pressa, au contraire, son départ.

Etienne, avec sa magnifique escorte, accompagné du
prince Hiéronyme, fils de Charles-Martel, et de Fulrad,
abbé de Saint-Denys. Son retour fut une marche triomphale.

Le clergé de Rome avec une grande multitude de peuple
était venu à sa rencontre aux portes de la ville, dans le
camp dit de Néron, en chantant des hymnes sacrées que le
peuple interrompait pour crier en acclamations enthousiastes :

— Il revient, notre pasteur et notre père! c'est lui qui
nous a sauvés après Dieu.

L'immense cortège conduisit le pape à la basilique vaticane où de solennelles actions de grâces furent rendues à
Dieu et à l'apôtre Pierre. Tout le monde était heureux devant
ce ciel que l'on croyait éclairci, et la ville entière retentissait
des accents de l'allégresse et de la liberté. Mais cette joie était
trompeuse et l'horizon allait bientôt s'assombrir pour déchaîner de nouvelles et plus cruelles tempêtes.

citées par Mabillon dans les *Actes des saints bénédictins*, les détails que nous venons
de rapporter sur la mort de Carloman. *Les grandes chroniques de Saint-Denys*
portent le même témoignage. Carloman a été béatifié par l'Eglise et son nom est
inscrit au 17 août parmi les saints bénédictins. On retrouva en 1628 ses ossements
dans une urne d'onyx, sous le maître-autel de l'abbaye du Mont-Cassin, et à cette
occasion on leur composa une glorieuse épitaphe.

Les historiens ont dit aussi que Carloman avait deux fils qui furent tondus et
cloîtrés. Il n'en eut qu'un, nommé Drogo, qui prit librement l'habit monastique et
mourut saintement et en paix. (Voir Darras, *Hist. de l'Église*.)

VII

Quelques jours à peine s'étaient écoulés que sonnèrent, comme un glas, de nouvelles heures d'angoisse.

Les habitants de la Pentapole[1] arrivaient à Rome éplorés, annonçant que, loin d'évacuer ces territoires, Astolphe y redoublait ses actes d'oppression et de tyrannie.

L'escorte qui avait amené le pontife était sur le point de quitter Rome.

Le pape Etienne remit alors à Fulrad, abbé de Saint-Denis, pour Pépin une lettre ainsi conçue :

« Aux seigneurs et très excellents fils, Pépin, roi, ainsi qu'aux deux rois Charles et Carloman, patrices des Romains, Etienne, pape.

» Nous eussions vivement désiré, très excellents fils, que votre retour en France fut différé jusqu'à l'exécution des clauses du traité de paix.

(1) Ainsi nommée des cinq villes de Rimini, Pesaro, Fano, Sinigaglia et Ancône qui la composaient. Les principales villes de l'exarchat étaient Ravenne, Adria, Ferrare, Imola, Faënza, Forli. La donation de Pépin comprenait vingt-deux villes et leurs territoires et rendait au pape le duché romain en toute souveraineté de fait et de droit, l'enlevant à la juridiction de Byzance.

» Vous avez, en ce qui vous concerne, vous notre *compater* spirituel,[1] ainsi que vos très doux fils, dignement répondu à la faveur de Dieu qui vous a donné surnaturellement la victoire.

» Vous avez, dans la mesure de votre puissance, exigé que justice fut rendue au bienheureux Pierre, et, ainsi, votre munificence a confirmé la charte de donation précédemment souscrite.

» Mais, ce que nous avions prédit de la malice et de la perfidie d'Astolphe, ne s'est que trop réalisé!

» Le roi Lombard se joue des serments les plus solennels. Malgré ses promesses écrites et signées, il n'a pas permis qu'une palme de terrain fut rendue au bienheureux Pierre, à la sainte Eglise de Dieu, à la république romaine.

» Depuis le jour où j'ai pris congé de vous, il n'a cessé de multiplier les outrages et l'oppression, au point que si les pierres pouvaient parler, elles crieraient vengeance.

» A la suite de ces nouvelles afflictions, j'ai failli retomber dans la cruelle maladie qui m'atteignit en France.

» Je ne puis, très excellents fils, retenir mes larmes en songeant à la dernière entrevue et aux craintes que je vous exprimais sur le résultat définitif, pendant que vous acceptiez sans défiance les promesses illusoires, les serments hypocrites d'un pervers.

» Je suis donc revenu au sein de mon troupeau, parmi le peuple qui m'est confié; mais la juste réparation qu'attendait le bienheureux Pierre n'a pas eu lieu.

---

(1) On ne sait pas trop ce que signifie ce terme de *compater*, employé par le pape ni de quel genre pouvait être l'affinité spirituelle contractée par le pape avec Pépin pendant ces événements. Des historiens ont cru qu'il aurait baptisé les deux fils du roi des Francs qui ne l'auraient pas encore été, ce qui est peu probable. Peut-être le pape se considérait-il comme père spirituel des jeunes princes auxquels il avait conféré l'onction du sacre et peut-être le sacrement de confirmation pour lequel l'usage des parrains était en vigueur à cette époque.

» Tous les chrétiens comptaient fermement sur la justice que le prince des apôtres allait obtenir par la puissance de votre bras à la suite de l'éclatant miracle qui a illustré votre règne, quand notre Dieu et Sauveur Jésus-Christ par l'intercession de saint Pierre dont il vous a constitués les défenseurs, daigna vous accorder une telle et si fameuse victoire.

» Et maintenant, la page de donation souscrite par vous en faveur du bienheureux Pierre, de la sainte Eglise et de la république romaine, cette page qui assurait la restitution des cités et des provinces envahies, est déchirée par la mauvaise foi et la fourberie du roi Lombard!

» Je vous en conjure, fils très excellents et bénis de Dieu, au nom de notre divin Sauveur, au nom de sa sainte et glorieuse Mère Marie toujours Vierge, au nom du bienheureux prince des apôtres qui vous a sacrés de l'onction royale, faites exécuter la donation que vous avez offerte à votre protecteur et notre seigneur le bienheureux Pierre; faites rendre et livrer à la sainte Eglise de Dieu tout ce que vous lui avez donné.

» Désormais, ne croyez plus aux protestations captieuses, aux mensonges d'un roi qui vient de manifester ainsi sa méchanceté et sa fourberie.

» Notre fils Fulrad, notre conseiller fidèle, et tous ceux qui l'ont accompagné ici, vous diront de vive-voix le détail de nos tribulations et de nos souffrances.

» Hâtez-vous de prendre en main la cause du bienheureux Pierre, afin que, toujours victorieux en cette vie, vous méritiez, par l'intercession du prince des apôtres, les joies de l'éternité.

» Adieu, très excellents fils.[1] »

---

(1) *Codex Carolinus*, Epîtres d Etienne, pape, n. 6. *Patrol lat.*, t. xcviii. — L original du *Codex Carolinus*, dont fait partie cette lettre, est á la bibliothèque impériale de Vienne (Autriche), et rien n est plus authentique que ce monument

L'insolence d Astolphe s'était accrue encore à la vue du départ de l'escorte franque. On était aux derniers jours de décembre de l'an 754 et la campagne romaine était déjà envahie et mise au pillage par les Lombards qui s'étaient avancés jusque sous les murs même de Rome.

A cette vue, le pape Etienne envoya en toute hâte dans les Gaules, un légat, Villarius, évêque de Nomentum, avec mission de remettre à Pépin et à ses fils une nouvelle lettre encore plus pressante et toute pleine de la majesté apostolique.

Elle était ainsi conçue :

» Le Roi des rois, le Seigneur des seigneurs a constitué votre bonté très excellente au-dessus de la multitude des nations et de la foule des peuples uniquement pour exalter par vous la sainte Eglise.

» Il aurait pu, par tous les autres moyens dont sa providence dispose, venger l'honneur de cette Eglise sainte et faire rendre justice au prince de ses apôtres. Mais il a voulu mettre à l'épreuve votre dévouement.

» C'est dans ce dessein que sa miséricorde a dirigé notre infortune près de vous, notre *compater* spirituel et nos très doux fils, alors que, dans l'épuisement de nos forces physiques et dans les douleurs de notre âme, nous avons entrepris ce lointain voyage.

» Nous partîmes, affrontant les neiges, le froid, les avalanches, les torrents débordés, enfin les périls d'une traversée de montagnes dans la plus rigoureuse saison.

» Tout fut oublié lorsque, parvenue en votre présence tant désirée, il nous fut donné de déposer entre vos mains la cause du prince des apôtres.

rédigé en 791 par ordre de Charlemagne, dans le but expressément indiqué par lui-même de transmettre à la postérité une copie exacte et fidèle de toutes les lettres adressées par les papes à Charles Martel, à Pépin le Bref, à lui-même et à son frère Carloman.

» Vous avez prêté à nos supplications une oreille favorable ; vous avez promis au bienheureux Pierre de lui faire rendre justice. Vrais fidèles de Dieu, sans arrière-pensée et avec l'intention la plus pure, vous vous êtes armés pour la défense de l'Eglise.

» C'est alors que ce Dieu, dont la puissance écrase la guerre et force les gros bataillons, ce Dieu qui humilie les superbes et exalte les humbles, manifesta à tous les chrétiens la justice de la cause apostolique par un miracle éclatant dont le souvenir restera à jamais glorieux.

» Les ennemis du Christ et de la sainte Eglise se fiaient à leur féroce bravoure ; d'un pied rapide, ils s'élançaient pour verser le sang ; ils fondirent en masses énormes sur une poignée de vos soldats.

» Par la main du bienheureux Pierre, le Dieu des armées vous donna la victoire. Des légions innombrables écrasées par quelques hommes, apprirent en mordant la poussière, le sort réservé aux ennemis du prince des apôtres.

» Ce n'est pas la main de l'homme, mais celle de Dieu qui tient le glaive des batailles.

» Désespérant alors du succès de ses intrigues, le perfide Astolphe, de concert avec les chefs Lombards eut recours aux promesses hypocrites, aux protestations illusoires, au parjure.

» Hélas ! pourquoi faut-il que vous ayez, fils très excellents, laissé par lui surprendre votre religion et ajouté plus de foi aux serments de ce fourbe qu'aux avis de notre expérience ? ce fut pour nous l'occasion d'une profonde douleur. Pourquoi votre bonté refusa-t-elle alors de nous croire ?

» Aujourd'hui, l'événement ne justifie que trop nos prévisions.

» Vous savez déjà par votre conseiller, le prêtre Fulrad et par les Francs qui l'accompagnaient, que non seulement Astolphe n'a pas restitué au bienheureux Pierre une seule

palme de territoire, mais qu'il a donné à tous ses officiers
l'ordre de dévaster les domaines appartenant à l'Eglise de
Rome.

» Déjà, dans toutes les cités, dans toutes les campagnes,
ce pillage sacrilège est commencé.

» Maintenant, très excellents fils, bénis de Dieu, je vous en
supplie, voyez les larmes de la sainte Eglise, et reprenez en
main la cause du bienhèureux Pierre. A ce prince des apôtres, vous avez fait une promesse de donation que votre
signature rend inviolable. La charte que Pierre tient de
vous, il la consèrve; un jour, il la produira devant le juge
souverain des vivants et des morts qui viendra aux lueurs de
l'incendie final demander à chacun compte de ses serments
accomplis ou violés.

» Notre révérendissime frère et coévêque Villarius, chargé
de vous remettre ce message, vous dira de vive-voix l'imminence du péril qui nous menace et la nécessité où nous
sommes de compter sur un prompt secours.

» Que la grâce divine garde vos excellences saines et
sauves.

» Adieu.[1] »

Maintenant, l'hiver sévissait et les Alpes formaient une
barrière infranchissable à toute intervention de Pépin et
des Francs. Astolphe avait fait entrer dans son plan cet
auxiliaire naturel. Aussi, sûr de son fait, le 1er janvier 755
il venait, à la tête d'une armée formidable, enfermer Rome
dans un blocus si étroit que, pendant cinquante-cinq jours,
le pape ne put réussir à faire passer au travers des lignes
ennemies aucun des messages qu'il voulait envoyer dans les
Gaules.

Deux envoyés même de Pépin, l'abbé Wernehaire et le
comte Thomaric, ne pouvaient quitter Rome et ce ne fut que

____

(1) *Codex Carolinus*, n° 7. Lettre d'Etienne III à Pépin, Charles et Carloman.

le 24 février, qu'ils purent s'échapper en compagnie de Georges, évêque d'Ostie, emportant avec eux deux lettres pontificales adressées par Etienne au roi et à la nation des Francs.

La première était ainsi conçue :

« Aux seigneurs très excellents, les rois Pépin, Charles et Carloman, patrices des Romains et à tous les évêques, abbés, prêtres ou moines ainsi qu'aux glorieux ducs, comtes et à toute l'armée du royaume et provinces des Francs, le pape Etienne, ainsi que tous les évêques, prêtres, diacres, ducs, *cartularii*, tribuns, peuple et armée de Rome, tous réduits au comble de la détresse.

» Les larmes coulent de nos yeux parce que « de toutes parts, les angoisses nous environnent; parce que nous ne voyons plus de moyens de salut.[1] »

» Vous savez, très chrétiens fils, comment le roi des Lombards, l'impie Astolphe, au mépris des serments les plus solennels a refusé d'accomplir les conditions de la paix.

» Il a poussé plus loin ses attentats.

» Le jour même des calendes de janvier, son armée, venue de Toscane, s'est donné rendez-vous avec celle de Bénévent sous les murs de Rome. Le roi parjure et le duc son allié ont commencé le siège.

» Les troupes de Bénévent occupent tout le pourtour de l'enceinte depuis la porte de Saint-Pierre jusqu'à celles de Saint-Pancrace et de Porto. Astolphe avec ses Lombards, garde toutes les autres et il s'est établi en personne vis-à-vis la porte Salaria.

» Ses hérauts d'armes viennent vingt fois par jour crier sous les remparts :

» — Ouvrez-moi la porte Salaria ; laissez-moi entrer pacifiquement dans la ville ; livrez-moi votre pontife et la paix vous est assurée.

(1) Daniel, xiii.

» Les Bénéventins campés à Saint-Jean-porte-Latine, à Saint-Paul-hors-les-murs, ont pillé et incendié ce qui se trouvait sous leurs mains, détruisant les maisons jusqu'aux fondements, brûlant les églises, les images et les statues des saints.

» Ils ont poussé leurs abominables profanations jusqu'à jeter dans leurs marmites avec la viande pour le repas, les hosties saintes, le corps mystique de Notre-Seigneur Jésus-Christ.

» Les voiles et les tentures des autels, les linges sacrés servent au pansage des chevaux. Les religieux, arrachés de leurs monastères ont eu le corps déchiré par les fouets, quelques-uns sont morts sous les coups. Les vierges consacrées au Seigneur ont souffert plus que la mort.

» Toutes les *domus-cultæ* appartenant au bienheureux Pierre ont été la proie des flammes; toutes les propriétés suburbaines ont eu le même sort; les vignes ont été déracinées, tout est dévoré. Il ne reste rien ni à la sainte Eglise, ni à aucun particulier. Le fer et le feu ont emporté hommes et choses.

» Enfants, vieillards, hommes, femmes, la population en masse a été égorgée; le peu qui survit est captif. Les petits enfants arrachés au sein de leur mère ont été égorgés avec elles par les féroces Lombards.

» Il y a cinquante-cinq jours que nous sommes assiégés. Les assauts se renouvellent jour et nuit avec une incroyable fureur. Les murailles sont ébranlées par les balestes et des machines de guerre d'invention récente que l'ennemi met en usage contre nous.

» Si, ce qu'à Dieu ne plaise, le succès couronnait ses efforts, Astolphe a juré de ne pas laisser un seul romain vivant.

» Les Lombards nous crient à chaque instant :

» — Vous êtes cernés cette fois! Que les Francs viennent donc aujourd'hui vous arracher de nos mains.

» La citée de Narni cédée par vous au bienheureux Pierre a été envahie et spoliée comme les autres.

» Et maintenant, cette lettre arrosée de sang et de larmes que nous vous adressons, arrivera-t-elle à sa destination? Nous essayons de vous la faire parvenir par la voie de mer.

» Ne nous abandonnez pas si vous voulez que le Dieu vivant ne vous abandonne pas lui-même. L'heure est venue de nous apporter le salut. Sauvez-nous, fils très chrétiens, avant que nous périssions. Toutes les nations qui ont eu recours à l'invincible protection des Francs ont été sauvées. Jamais vous ne refusez votre appui à une juste cause. N'y aurait-il que la sainte Eglise de Dieu et son peuple qui eussent fait en vain appel à votre secours?

» Considérez, bien-aimés fils, je vous en conjure au nom du Dieu vivant, que notre sort, les âmes de tous les Romains dépendent, après Dieu lui-même et le prince des apôtres, de vous seul. Si nous venons à périr, c'est vous qui en aurez assumé la responsabilité. Oui, très chrétiens fils, il vous sera au tribunal du souverain juge demandé compte de nous tous, si, plaise à Dieu qu'il n'en soit rien! nous venons à périr.

» Agissez enfin et délivrez-nous afin que vous puissiez dire au jour du jugement final :

» — Bienheureux Pierre, prince des apôtres et notre seigneur, nous voici, nous, vos serviteurs fidèles, nous avons consommé notre course en vous gardant fidélité. L'Eglise de Dieu qui vous fut confiée par Jésus-Christ a été par nos mains arrachés à ses persécuteurs. Recevez sains et saufs ces Romains dont vous nous aviez recommandé l'existence; ils nous doivent la vie, ce sont vos enfants, nous vous les offrons à vous qui fûtes leur père.

» Et ainsi, le juge suprême multipliera pour vous les prospérités en ce monde jusqu'à ce qu'il prononce sur vous la parole de bénédiction qui retentira dans les siècles éternels :

» — Venez, les bénis de mon Père, prenez possession du royaume qui vous a été préparé dès l'origine du monde.[1] »

Le roi des Francs ne refusait pas son secours, mais la saison mauvaise, la difficulté des voyages, la longueur des communications étaient autant d'obstacles qui arrêtaient sa bonne volonté.

On conçoit que dans les flammes ardentes de la fournaise où il se débattait, le pape Etienne en proie aux affres du désespoir, en face de la ruine et de la mort ait donné le spectacle d'un homme affolé qui recourt à tous les moyens qu'il juge éloquents pour son salut et celui de son peuple.

Aussi envoya-t-il à Pépin une autre lettre plus pressante encore et qui a fait l'étonnement des historiens et a constitué un acte sans exemple dans l'histoire de l'Eglise.

Il écrivit au roi des Francs une lettre au nom de saint Pierre, comme si le prince des apôtres lui-même eut pris la plume et rédigé le message en cette extrémité.[2]

---

(1) *Codix Carolinus,* VIII et IX, *Patrol. lat.*

(2) Les historiens ont crié au scandale devant cette lettre. Henri Martin l'appelle « une jonglerie sacrilège; » le comte de Ségur dit qu'Etienne l'envoya à Pépin comme l'ayant reçue directement de saint Pierre. Fleury lui-même (*Hist. ecclés.,* l. XLIII, ch. XVII), en parle ainsi : « Artifice sans exemple... Pierre parle dans cette lettre comme s'il eut été encore sur la terre ; elle est pleine d'équivoques comme les précédentes. L'Eglise y signifie non l'assemblée des fidèles, mais les biens temporels consacrés à Dieu, le troupeau de Jésus-Christ sont les corps et non pas les âmes ; les promesses temporelles de l'ancienne loi sont mêlées aux promesses spirituelles de l'Evangile et les motifs les plus saints de la religion employés pour une affaire d'etat. »

Qu'eut fait Fleury à la place d'Etienne devant la barbarie des Lombards visiblement soutenue par la tyrannie iconoclaste de Byzance ? L'Italie était entre la vie et la mort ; elle-même se donnait au pape et l'appelait son sauveur. Le pape n'avait plus seulement charge d'âmes, mais il avait encore charge de corps et de biens en cette extrémité. Pour sauver l'Italie, il n'avait que des armes spirituelles ; il en a abusé peut-être, mais qui oserait l'en blâmer ? Le monde avait assez des barbares, il était mourant de leurs excès ; il voulait la vie et la paix ; c'était son droit et, pour ne pas mourir, tous les moyens étaient bons. Les papes, entrés dans la politique,

Eh bien ! croyez-vous maintenant que je puisse être votre seigneur ?
(P. 109.)

Etait-ce bien Pierre qui écrivait? c'était Etienne et nul ne pouvait s'y tromper, il ne le cache pas lui-même, car il avait le droit de se substituer à Pierre, puisqu'en sa qualité de pontife suprême, il était la succession même de Pierre, le rôle même de Pierre perpétué dans le monde, selon la formule même de l'Eglise et Pépin ayant traité avec le successeur et le lieutenant de Pierre, c'était avec Pierre lui-même qu'il avait traité.

Aucun diplomate du VIIIe siècle n'eut contesté ce point.

Pépin reçut donc la lettre suivante :

« Pierre, appelé à l'apostolat par Jésus-Christ, fils du Dieu vivant qui, régnant avant tous les siècles avec le Père et l'Esprit-Saint, s'est incarné et fait homme dans les derniers temps pour le salut de tous, nous a rachetés par son sang précieux, accomplissant les décrets de miséricorde éternelle, lui qui mettait aux jours du Testament ancien, sa parole sur les lèvres des prophètes, et qui a daigné, sous la loi nouvelle, me choisir moi-même pour asseoir sur la pierre inébranlable l'Eglise catholique, apostolique et romaine, chef de toutes les églises, moi, Pierre, et Etienne pape de cette sainte Eglise de Rome, afin que la grâce et la puissance du Seigneur éclate dans la délivrance du peuple romain confié à notre garde, nous nous adressons à vous, hommes très excellents et très glorieux rois Pépin, Charles et Carloman, aux très saints évêques, abbés, prêtres et religieux, ainsi qu'aux ducs, comtes, à toute l'armée et à toute la nation des Francs.

» Quand la clémence divine fit choix de ma personne, elle me constitua, moi, Pierre, apôtre, comme l'illuminateur du monde entier. : *Docete omnes gentes*.[1]

---

devaient en dévorer toutes les amertumes et garder la responsabilité de leurs actes devant l'histoire et devant Dieu.

(1) Matthieu, xxviii, 19.

» Ainsi, humble serviteur que j'étais, il me fut ordonné de paître tout le troupeau spirituel du Seigneur : « *Pais mes agneaux, pais mes brebis.*[1] » Il me fut dit encore : « Tu es Pierre et sur toi je bâtirai mon Eglise et les portes de l'enfer ne prévaudront pas contre elle. Je te donnerai les clefs du royaume des cieux ; tout ce que tu délieras sur la terre sera délié aux cieux.[2] »

» Dès lors, en vertu de l'ordre établi par Dieu même, quiconque, ici-bas, suit la doctrine que j'enseigne, obtient la rémission de ses péchés.

» Or, l'illlumination de l'Esprit-Saint a brillé dans vos cœurs et vous êtes devenus, en embrassant l'Evangile, les adorateurs de la sainte et unique Trinité. Dès lors, vos espérances de rétribution céleste ont pour fondement votre union avec l'Eglise apostolique de Rome.

» Voilà pourquoi, moi, Pierre, apôtre de Dieu, je vous ai choisis pour fils adoptifs, vous donnant mission de protéger contre ses persécuteurs la cité romaine dont le peuple m'a été confié par Dieu, la basilique où repose mon corps.

» A vous donc, il appartient de les défendre contre les races ennemies, de délivrer la sainte Eglise contre les races intolérables des Lombards.

» N'ayez pas d'autres sentiments, très aimés fils, tenez cette lettre qui vous est transmise en mon nom comme la parole que je vous adresserais, si j'étais encore vivant et que je parusse dans ma chair mortelle en votre présence.

» En vertu de la promesse d'assistance qui nous a été donnée par notre Dieu et Rédempteur, le Seigneur Jésus, c'est vous, peuple franc, que nous avons choisi de préférence à toutes les autres nations pour notre peuple.

» Voilà pourquoi, vous parlant par cette missive comme

(1) Jean, xxi, 16-17.
(2) Matthieu, xvi, 18-19.

par une énigme transparente, je vous rappelle vos engagements écrits, et vous conjure de m'assister, vous, les rois
très chrétiens, Pépin, Charles et Carloman, avec tout l'ordre
sacerdotal, évêques, abbés, prêtres et moines, ainsi que les
ducs, comtes et le peuple entier du royaume des Francs.

» Bien que je ne sois plus vivant en ma chair, je ne cesse
pas d'être présent en esprit au milieu de vous et je vous répète
la parole évangélique : « Celui qui reçoit un prophète au
nom du prophète, reçoit la récompense du prophète.[1] »

» Notre-Dame et Reine, la Mère de Dieu, Marie, toujours Vierge, vous adresse les mêmes vœux de concert avec
les Trônes, les Dominations, toute la milice céleste des
anges, les chœurs des martyrs, les confesseurs et tous
les élus.

» Défendez la ville de Rome, l'Eglise de Dieu contre la
persécution des Lombards. Si vous écoutez ma voix, la
récompense ne vous fera pas défaut; aidés par mon intercession, vous triompherez ici-bas de tous vos ennemis, votre
règne sera long et glorieux sur la terre. Refuser votre secours
à la cité de Rome et à l'Eglise sainte de Dieu, serait vous
éloigner vous-même du royaume du Christ et de l'éternelle
vie.[2] »

Tel fut l'appel vraiment sans exemple dans l'histoire que
le pape Etienne III, en face de l'esclavage certain et de la
ruine inévitable, osa faire à Pépin-le-Bref, et que le roi des
Francs entendit.

(1) Matthieu, x, 4 .
(2) *Codex Carolinus*, x.

VIII

LE JUGEMENT DE DIEU.

Quand l'envoyé d'Etienne eut remis cette lettre au roi des
Francs et qu'il en eut pris connaissance, Pépin entra dans
une violente indignation.

— Le roi Astolphe, s'écria-t-il, est un traître et un parjure, il insulte la glorieuse nation des Francs et il ose
s'élever contre la volonté même de Dieu. Mais je convoque-
rai de nouveau mes guerriers et nous irons en Italie forcer
le brigand à rentrer dans son repaire!

Aussitôt, un champ de mai solennel fut convoqué à
Compendium,[1] et le retentissement de ce ban de guerre fut
tel que, gagné par l'enthousiasme universel, le nouveau duc
des Bajoarii, Tassilo, jusque-là hostile à la nouvelle race,
accourut rendre hommage et promettre fidélité à son oncle
Pépin-le-Bref et à ses cousins Charles et Carloman.

La prestation de ce serment eut lieu avec une grande
solennité et elle fut renouvelée par le jeune prince et par les
chefs de son peuple sur les trois tombeaux de Saint-Denys,
de Saint-Martin de Tours et de Saint-Germain de Paris.[2]

(1) A Compiègne, au mois de mai 755.
(2) Eginhard, *Annales.*

Les guerriers bavarois prirent rang parmi les Francs, et ce fut la première fois que, pour une cause sainte, s'unirent les drapeaux de deux peuples ennemis.

L'armée prit sa route par la Bourgogne, traversa Châlons-sur-Saône, Genève, et arriva comme la première fois à Maurienna.

Le roi Astolphe apprit ce grand mouvement et aussitôt, effrayé, leva précipitamment le siège de Rome pour accourir avec toutes ses forces au val de Suze, afin d'empêcher l'invasion des Francs.[1]

Cependant, l'empereur de Byzance s'était ému de ces événements.

Constantin Copronyme envoya à Rome deux ambassadeurs. C'étaient Jean le silentiaire et Grégoire le protosyncelle.

Ils vinrent au palais apostolique du Latran et firent part de leur mission au pape.

Etienne les écouta avec bienveillance, puis il leur dit tristement :

— Vous voyez le spectacle de nos douleurs. La langue humaine a-t-elle des expressions pour les raconter? Comment juger la conduite de l'empereur en ces circonstances. Il vous envoie parler de ses droits sur ces provinces, comment a-t-il compris ses devoirs envers elles?

Alors le pape raconta aux ambassadeurs byzantins l'odyssée des malheurs de l'Italie, son voyage en France, et les supplications qu'il avait été obligé d'adresser à Pépin devant de telles douleurs et un pareil abandon.

— Sachez donc, conclut-il, que Dieu a prononcé son jugement. Sachez que le très glorieux roi Pépin a pris en main la cause sacrée du prince des apôtres. Avec l'aide du ciel, il a une première fois vaincu les Lombards et repris sur eux les territoires usurpés dont il a disposé par droit de

---

(1) Frédégaire, *Chroniques continuées*, ive partie.

conquête en faveur du bienheureux Pierre dont nous sommes le représentant sur la terre et pour la paix de la sainte Eglise de Dieu.

« Les dévastations que vous voyez sont les tristes effets de la trahison du roi Astolphe qui, se croyant hors de danger à cause du retour des Francs dans leur patrie, n'a pas voulu tenir ses serments et a rallumé la guerre au mépris de la foi jurée au bienheureux Pierre, à ce roi des Francs et à nous.

» Devant notre détresse, le très excellent roi Pépin a repris les armes, et si vous avez pu entrer dans Rome, c'est qu'il est en ce moment avec ses guerriers au val de Suze et que Astolphe a levé précipitamment le siège de Rome pour s'opposer, mais en vain, à ce que justice nous soit rendue.

» Dites donc à l'empereur qu'il a perdu désormais tout droit là où il n'a pas su faire son devoir. »

Devant cette réponse sévère du pontife, les envoyés de Constantin Copronyme montrèrent un trouble extrême et une stupéfaction profonde.

Bien plus, ils refusèrent de croire aux paroles du pontife.

— Très saint pape, lui dirent-ils, nous ne pouvons croire que de pareils événements se soient produits, et le très pieux empereur ne nous croira pas, à son tour.

— Allez donc vous en convaincre par vous-mêmes, répondit Etienne. Un navire sera frété par mes soins pour vous conduire à Massilia[1] le plus promptement et le plus sûrement possible et, une fois arrivés en France, vous ne pourrez plus douter de la réalité de mes paroles.

Ils partirent donc et s'embarquèrent en compagnie d'un légat apostolique.

La traversée fut heureuse et ils arrivèrent à Marseille. Là tout ce que le pape leur avait dit leur fut confirmé. De

(1) Marseille.

plus, ils apprirent que, se rendant à la nouvelle requête du pontife, le roi des Francs venait de pénétrer de nouveau sur le territoire Lombard.

En effet, Pépin, comme nous l'avons vu, était passé de nouveau en Lombardie et il avait infligé une nouvelle défaite à Astolphe au val de Suze, obligeant le roi des Lombards à courir se renfermer dans Pavie.

Les ambassadeurs de Byzance furent atterrés en apprenant ces nouvelles. Cependant, ils dissimulèrent de leur mieux le chagrin que leur causait cet événement et obtinrent du légat apostolique qu'il restât quelque temps à Marseille avec le silentiaire Jean, tandis que le protosyncelle Grégoire irait en toute hâte en Lombardie pour conférer avec Pépin.

Au point où en étaient les choses, la défiance envers le légat était inutile.

Grégoire partit donc et arriva le plus rapidement qu'il lui fut possible au camp des Francs sous les murs de Pavie.

Là, il entama des négociations avec le roi des Francs.

— Seigneur roi, dit-il à Pépin, le très excellent empereur, Constantin, m'envoie vers votre celsitude, pour lui rappeler que l'exarchat de Ravenne relève de l'empire, et revendiquer ses droits sur ces provinces.

— Ce n'est pas à moi, répondit Pépin que le très excellent empereur doit demander compte de ses provinces, c'est au roi Astolphe qui s'en est emparé deux fois au mépris de tous les droits, sans que le très sérénissime empereur s'en inquiétât et portât secours au très saint seigneur apostolique qui s'est adressé à nous en désespoir de cause.

« Maintenant que la nation des Francs, avec l'aide de Dieu, a vaincu les ennemis du bienheureux Pierre, les provinces que réclame l'empereur ont été trois fois conquises, et elles vont l'être une quatrième. Le très auguste empereur les a donc quatre fois perdues, et selon le droit de la guerre, elles appartiennent au vainqueur qui les remettra au Seigneur apostolique, le très saint pape Etienne, au nom du bienheureux Pierre. »

En entendant ce langage, le protosyncelle Grégoire mit en œuvre toutes les ressources de sa diplomatie pour arracher au roi très chrétien la promesse de rétablir l'exarchat de Ravenne sous la domination de l'empereur de Byzance. Il alla même jusqu'à offrir au roi des Francs les récompenses les plus magnifiques.

— Aucune raison, répondit Pépin, inflexible, ne sera capable de me faire enlever de nouveau ces provinces au pouvoir du bienheureux Pierre, à la juridiction de l'Eglise romaine et du pontife assis sur le siège apostolique. Je l'affirme par serment, si je me suis tant de fois exposé au hasard des batailles dans cette lutte contre Astolphe, ce n'est point par des considérations humaines, mais uniquement par amour envers le bienheureux Pierre, et pour obtenir le pardon de mes péchés.

« Tous les trésors du monde ne me feraient point retirer au prince des apôtres ce que je lui ai une fois offert. »

Le protosyncelle, navré de cette réponse, se retira et reprit le chemin de Marseille où l'attendaient le silentiaire Jean et le légat apostolique.[1]

Les Lombards avaient perdu beaucoup de soldats sur le champ de bataille du Val de Suze, et maintenant Pépin et Tassilo serraient si étroitement Pavie, que nul ne pouvait s'échapper de la ville.

Le roi Astolphe accusait amèrement le destin de ses malheurs.

Il ne comprenait rien au grand fait qui était en train de s'accomplir, et c'est là son excuse. Il personnifiait la politique étroite et cupide de ces tyrans vulgaires que le succès d'un jour enivre et qui croient fonder des empires, parce qu'ils

______

(1) *Liber Pontificalis.*

comptent dans leur vie un acte réussi de brigandage.[1]

Pour la seconde fois, il se comprit perdu et il eut recours de nouveau à l'intervention du clergé et des optimates francs, afin de conjurer Pépin de lui accorder la paix.

Le roi des Francs toujours miséricordieux lui laissa cette fois encore le royaume et la vie.[2]

Par un acte authentique,[3] Astolphe restitua tout ce qu'il avait pris et y ajoutant volontairement comme donation personnelle le *Castrum Comiaclum*,[4] qui avait fait jusque-là partie des domaines des rois Lombards, il déclara faire abandon de toutes ces provinces au bienheureux Pierre et à tous les pontifes du siège apostolique à perpétuité.

Le vénérable abbé de Saint-Denys, Fulrad, conseiller du roi des Francs, fut chargé par Pépin de recevoir officiellement les territoires et les villes et de les remettre au pape Etienne.[5]

Cette fois, de minutieuses précautions furent prises, afin que justice fut rendue à saint Pierre, à qui Pépin renouvela sous les murs de Pavie, la donation solennelle de ses conquêtes.

Les otages furent de nouveau livrés par le roi Lombard à Pépin entre les mains duquel tomba le trésor royal tout entier enfermé dans Pavie. Le roi des Francs en garda le tiers et distribua le reste à l'armée.

Puis il retourna en France avec ses guerriers. Alors Fulrad, escorté des plénipotentiaires d'Astolphe, parcourut la province de Ravenne recevant la soumission de la Pentapole et de l'Emilie, prenant partout des otages choisis parmi

(1) Dit Darras, *Hist. de l'Egl.*

(2) Frédégaire, *Chroniques*.

(3) Cet acte existe encore de nos jours.

(4) Comacchio.

(5) *Liber Pontificalis*. — Eginhard, *Annales*. — Frédégaires, *Chroniques* et *Annales de Lorsch*.

les principaux citoyens qui devaient l'accompagner à Rome.

Leur arrivée à Rome fut un spectacle inouï et solennel.

Conduit par Fulrad, abbé de Saint-Denys, le cortège arriva à la basilique du bienheureux Pierre.

Fulrad portait le diplôme qui investissait le pape de la souveraineté royale et, rangés autour de lui les premiers citoyens des villes de Ravenne, Rimini, Pessaro, Fano, Cénèse, Sinigaglia, Jesé, Forum Pompilii, Forum Livii, Castrum Sussubio, Montemferetri, Acerragio, Monte di Lucaro, Serra, Castellum Sancti Mariani, Bobro, Urbino, Cagli, Luccoli, Eugubium, Comacchio et Narni en portaient les clefs.[1]

Diplôme et clefs furent solennellement déposés sur la confession de Saint-Pierre comme pour rendre cet événement plus inviolable et plus sacré.

Pendant que cette solennité s'accomplissait à Rome, un sanglier mettait à mort, dans une chasse près de Pavie, le roi Astolphe frappé d'un coup de boutoir, par l'animal furieux:

Quelques heures après, le roi des Lombards n'existait plus.[2]

Aussitôt, un duc Lombard, Desidérius,[3] gouverneur de la Toscane, rassembla les troupes de cette province et se fit proclamer roi.

Mais les optimates étaient accourus, de leur côté, au monastère du Mont-Cassin et avaient déterminé le vieux roi Ratchès à quitter sa retraite et l'habit religieux pour prendre la succession de son frère Astolf.

Du même coup, deux armées se trouvèrent en présence pour la guerre civile.

(1) On ne possède plus le texte de ce dernier diplôme.

(2) 756. D'après le *Liber Pontificalis*, Muratori pour la nomenclature des villes et les chroniques contemporaines. — Darras, *Hist. de l'Église.*

(3) Le roi Didier.

Desidérius, alors, envoya des ambassadeurs au pape Etienne, le suppliant de rétablir la paix intérieure menacée en confirmant par son autorité apostolique son élection au trône.

Desidérius jurait pour l'avenir une fidélité inviolable au Saint-Siège, ratifiait les concessions d'Astolphe et en promettait même de nouvelles.

— Que faut-il faire? demanda le pape à Fulrad.

L'abbé de Saint-Denys conseilla au pontife d'accueillir la proposition de Desidérius.

Etienne envoya alors au duc de Toscane, son frère l'archidiacre Paul[1] et le conseiller Christophore pour s'entendre avec lui.

Bientôt ils revinrent à Rome, apportant au pape les serments les plus solennels de Desidérius et sa signature au bas de toutes ses promesses.

Alors, le pape Etienne chargea le prêtre Etienne[2] de porter à Ratchès et à toute la nation Lombarde une lettre apostolique dans laquelle il exhortait le prince moine à rentrer dans son monastère et le peuple à reconnaître le roi Desidérius.

Fulrad, de son côté, partait pour la Toscane avec son escorte de Francs proclamer roi Desidérius au nom de Pépin et lui dire que le roi des Francs l'admettait dans son alliance.

Ainsi se fit cette élection, pacifiquement au lieu de faire couler des torrents de sang, grâce à l'autorité apostolique du pontife romain.

Desidérius ne devait pas être ingrat envers le siège apostolique, et bientôt il fit remettre au pape la cité de Faënza, le castrum Tiberiacum et tout le duché de Ferrare.[3]

---

(1) Qui devait succéder à Etienne III sous le nom de Paul Ier et plus tard être rangé au nombre des saints.

(2) Qui devait plus tard succéder à Paul Ier sous le nom d'Etienne IV.

(3) *Liber Pontificalis.*

C'est ainsi que s'accomplit le grand changement qui rendit, au VIIIe siècle, le pape, prince territorial de la monarchie chrétienne en Europe. Le Christianisme commença dès lors à passer de la domination spirituelle à la domination temporelle et l'Eglise à devenir la source du droit et de l'autorité.[1]

L'année suivante, après tant d'angoisses et de travaux, Etienne, l'inaugurateur de la monarchie temporelle des papes allait se reposer de ses travaux parmi ses prédécesseurs et dormir son dernier sommeil dans la basilique vaticane de Saint-Pierre.

(1) Mignet, *Introduction de l'ancienne Germanie dans la société civilisée.* (Bibliographie et Histoire générale. Darras, *Hist. de l'Église.*

IX

CONCLUSION.

Nous ne pouvions passer outre, dans ces « Fastes, » sans relater cette phase importante de l'Histoire de l'Eglise et de la papauté.

Le lecteur a vu par ce livre et les documents importants qui y sont invoqués, que les origines du pouvoir temporel des papes ne viennent pas d'une usurpation et, qu'au point de vue de la diplomatie du VIIIᵉ siècle et des circonstances qui l'ont déterminé, leur avènement à un trône temporel fut parfaitement légitime et dans l'ordre des choses.

La Providence, en permettant qu'ils prissent alors une part de ce qui est du domaine de César, avait des vues que nous ne devons pas juger; celui qui rapporte tout à Dieu s'incline et dit : C'est bien. Aujourd'hui, les papes sont dépouillés de ce même pouvoir dans une société qui n'a plus rien de commun avec celle du VIIIᵉ siècle; les passions humaines se sont allumées à la flamme de ce désastre déjà lointain et, poussant l'exagération jusqu'au fanatisme, de graves historiens ont menti à la vérité des choses antiques; et il faut que tout homme intègre le sache et le dise.

La société moderne, comme le peuple athénien, se déclare

volontiers en quête du « Dieu Inconnu ; » qu'elle commence, par élever, dans son cœur, un inviolable autel à la Vérité, car sa damnation est dans le sectarisme et le mensonge.

Après cela, élevons nos cœurs au-dessus de la fournaise des luttes de la terre jusqu'aux horizons éternels du réel royaume dont Pierre est le chancelier auguste et sur les seules portes duquel flamboie l'incorruptible trilogie du Verbe :

Christus Vincit ; Christus Regnat ; Christus Imperat.

TABLE DES MATIÈRES.